KB234402

文学探査 ❶

한국 근대사의 문학탐사

한국 근대사의 문학탐사

이장열 지음

한국학술정보㈜

책머리에

한국 근대문학은 철학과 역사의 몫까지 담당했던 특이한 영역이었습니다. 우리 근대 시간(역사)에 문학이라는 매개는 나라 잃은 시기에 민족이든 시민이든 식민지인이든 간에 상관없이 지식인에게는 유용한 도구로서 자리 잡았고, 문학을 매개로 일제강점기에도 철학하기와 정치하기는 이루어졌습니다. 철학하기의 대표 문학인은 단연 "춘원 이광수"이었습니다. 그리고 정치하기로서는 "조선프롤레타리아예술가동맹(이하 카프)"이 대표입니다.

일제강점기에 우리 근대문학을 꼼꼼히 살펴보면 도도하게 흐르는 역사와 만나게 되고, 이를 이룬 사람들의 내면 속에 드리워진 빛과 그늘과 조우하게 됩니다. 우리 근대 역사에서 근대문학이 감당해야 했던 몫이 엄중한 것이었다는 생각에서 비롯된 이상한 류(流)의 글쓰기, 문학탐사기라는 이상한 용어를 자의적으로 만들어서 사용하게 되었고, 주저주저하면서도 계속 등에 떠밀려서 여기까지 오게 되었습니다. 의도하지 않았던 운명적인 만남이라고 생각합니다.

우리 근대사를 제대로 알기 위해서는 우리 근대문학사에 대해서 꼼꼼하게 살필 때 가능하다는 생각은 오랜 시간에 걸친 고민에서부터 비롯된 결론입니다. 그 꼼꼼하게 살피는 방법으로 생각해낸 것이 문학탐사기였습니다. 문학탐사는 그와 그녀의 출생연도를 찾아내고, 그의 가족관계, 그의 친구들과 관계망, 그가 남긴 편지, 수필, 재판기록, 병력기록, 학교, 사진 등을 세세하게 찾아 나서는 것이 첫 출발이자 마무리입니다. 이런 때 묻은 자료를 근거(단서)로 사람과 그의 시대를 생생하게 기록하는 글쓰기가 문학탐사기입니다.

이처럼, 문학탐사는 작품, 텍스트에 담긴 시간들, 그 주변 인물들, 정황들을 죄 살피는 것에 집중하는 방식입니다. 그래서 문학탐사기는 그를 둘러싼 텍스트(기록들)를 찾아서 그 사람의 삶을 총체적으로 살피는 글쓰기에 다름 아닙니다.

이런 이상한 류(流)의 문학탐사기는 나라 잃은 시기 근대문학가의 내면풍경과 그와 고리 지어진 흔적들과도 만나게 해주는 흥미로운 접근방법의 글쓰기라고 생각합니다. 문학탐사기가 계속해서 작성되면 우리가 잊고 있었고 잃어버렸다고 방치한 일제강점기의 우리 근대사를 풍부하고 깊이 있게 되살리는 일이 될 것입니다.

제가 한국 근대문학에 관심을 가지게 된 것은 우리 근대시기에도 철학과 정치는 존재하지 않았을까 하는 의문에서 시작되었습니다. 정외과에 입학한 1987년 봄부터 여름까지 거리에서 광장에서 현대사의 비극인 광주학살의 야만에 분노하고, 박종철 고문살인에 치를 떨고, 대통령을 국민의 손으로 뽑는 선거를 되찾아야 한다는 생각으로 한 해를 보냈습니다. 그때 든 생각은 "왜 우리는 되먹지 않은 짓들이 자꾸 일어나고 반복되는 것인가" 하는 의문을 떨쳐 버릴 수 없었습니다. 되먹지 않은 짓거리를 조율하는 우리 나름의 역사는 일제강점기에도 존재하지 않았을까 하는 생각을 하게 되었고, 갈증처럼 증폭되는 이런 의문은 한국 근대사 궤적에서 잊히거나 그릇된 평가를 받고 있던 이들을 찾아 나서는 문학탐사기라는 이상한 류(流)의 글쓰기를 하는 과정에서 조금씩 풀리기 시작했습니다.

우리 근대사에서 외면되고, 왜곡되고, 잊어버린 문학인들만이라도 새롭게 올바르게 기록하는 자잘한 시도와 노력들이 이어진다면 우리 근대사는 녹록지 않고, 단단함이 깃들어져 있음을 새삼 깨닫게 됨을 문학탐사기를 작성하면서 느꼈던 바였습니다.

약산 김원봉의 막내 여동생 김학봉 여사를 문학탐사기를 작성하기 위해서 인터뷰했던 15년 전의 기억이 새롭습니다. 약산 오빠의 월북과 다른 오빠들도 보도연맹으로 한국전쟁이 발발하자 밀양과 대구로 이어지는 골짜기에서 총살당하고,

본인도 밀양 임시수용소에서 3년 넘게 구금되어 고초를 겪은 것도 모자라, 그의 아들까지 연좌제로 취업기회가 박탈당하는 시련을 당하는 고통의 세월에서도 약산 오빠의 무덤이라도 찾아서 참배하고 그 앞에서 목놓아 울고 싶다던 70세 노파의 떨리는 목소리는 아직 제 귀에 생생하게 들립니다.

이번 문학탐사기에는 조선어학회사건으로 옥사한 환산 이윤재, 의열단 단장 약산 김원봉, 카프 서기장 임화의 둘째 부인 지하련, 계급주의 영화감독 강호, 카프 정통파 조선문학가동맹 서기장 권환의 흔적들을 발로 뛰고 좇아 탐사한 기록들을 놓아두었습니다.

거칠고 성긴 부분이 눈에 띄어서 부끄럽지만, 이런 이상한 류(流)의 문학탐사기가 우리 근대사를 조금이나마 두텁게 하는 데 보탬이 될 것이라는 소명의식으로 한국근대사의 문학탐사기를 이어가겠습니다. 독자 여러분의 충고와 격려를 바랍니다.

2012년 4월

이장열

차 례

1

약산 김원봉의 연구에서
바로잡아야 할 데

1) 들머리

글쓴이는 약산 김원봉 연구에서 잘못 들어선 부분을 바로
잡고자 한다. 광복투사 김원봉은 국권회복기인 1898년 경남
밀양에서 태어났다. 그는 의열단 단장으로서, 진보적 민족주
의자로서 왜로에 무장투쟁으로 맞선 사람이다. 그러나 그에
대한 연구에는 드높았던 그 이름에 비해 모자람이 많다. 그
까닭은 광복기에 월북[1]하여 북한정권에 동조한 그의 행적과
무관하지 않을 것이다.[2]

이런 가운데 염인호가 『김원봉 연구』(1992)를 내어 디딤돌
을 놓았다. 특히 그의 글은 약산의 청 · 장년기의 생애가 객
관적 자료로 밝혀지고 있는 점이 돋보인다. 그럼에도 불구하
고 그의 글에서는 약산의 생가와 가족 관계를 다른 부분에서
잘못된 점이 몇 가지 발견되고 있다. 따라서 글쓴이는 약산
연구의 올바른 기초가 더욱 다져지기를 바라는 까닭에 그 점

---

1) 김원봉의 월북 시기는 ·948년 북한에서 개최된 정당사회단체연석회의가 열린 4월 중순쯤으
로 그 정확한 날짜는 알려지지 않았다.

2) 김원봉의 정치노선에 대한 견해는 다음 세 가지로 나뉜다. 첫째, 민족주의자, 둘째 사회주의자,
셋째 사회민주주의자 · 무정부주의자가 그것이다. 이 가운데서 염인호는 약산을 진보적 민족주
의자로 본다. 글쓴이도 그의 견해를 따른다.

을 바로 잡고자 한다.

2) 생가 문제

앞선 연구에 따르면 약산은 밀양읍 부북리 하감 57번지에서 태어났다.[3] 지금도 그곳에는 옛 흔적을 고스란히 지니고 있다. 그 당시 하감에서 찍은 사진과 견주어 보면 단지 지붕만 슬레이트로 바뀌었을 뿐이다. 그 아담한 크기의 이 집이야말로 약산을 전설적인 인물로 만들었던 곳이다.[4] 오늘날까지 약산을 드높이는 이야기들이 이 집을 중심으로 전해진다.

광복 때까지 약산의 부모 형제들은 하감 57번지에서 살았다. 그리고 광복 뒤에 현재 밀양 문화원 자리에 있던 적산 가옥[5]으로 잠시 옮겨 살았다. 그곳은 일본에서 돈을 많이 모은 심현태[6]가 광복 뒤에 밀양으로 돌아와 값싸게 불하받은 다다미 집이었다. 약산 일행이 이곳으로 거처를 옮긴 것은 이들의 호의였을 것이다. 그러나 약산이 월북한 뒤 '대한청년단'은

---

3) 약산을 다룬 모든 글에는 감내 57번지가 그의 생가로 기록되어 있다.

4) 약산에 관한 대표적인 것이 '똥파리 전설'이다. 이 이야기는 바로 왜로 경찰이 그가 하감 집에 나타났다는 첩보를 입수하여 그 방문을 열어 보니 약산은 온데간데없고 똥파리 한 마리만 남아 있었다는 줄거리를 가진다. 지금도 이 이야기는 그를 아는 이들의 입에서 입으로 전해진다.

5) 일본인 소유의 무진회사의 사장 집이었다고 한다(김학봉의 진술).

6) 심현태는 밀양에서 태어나 일제강점기에 일본으로 건너가 많은 돈을 모은 사람이다. 광복 뒤에는 국회의원 선거에도 출마한 것으로 알려지고 있다.

그 집을 훈련소로 쓴다는 명목으로 곧바로 약산의 가족을 쫓아냈다. 그 뒤 남은 약산의 가족들은 밀양 변두리에 오두막집을 얻어 힘든 삶을 살았다.[7]

그러나 김학봉의 진술과 제적등본에 기재된 것을 기초로 삼아 볼 때, 현재 학계에 알려진 약산의 생가는 하감 57번지가 아니라, 지금 식당 건물로 사용되고 있는 밀양시 내이동 901번지로 바로 잡아야 한다.[8] 약산은 이곳에서 태어나 1916년 무렵까지 머문 것으로 보인다. 하감 57번지로 옮긴 시기는 김구봉이 태어나기 두 해 전쯤인 1926년 무렵이다. 하감 57번지에서는 구봉, 학봉만이 태어났다.

3) 가계 문제

염인호의 글에는 김원봉의 가계 문제, 곧 형제들의 이름과 차례에서 잘못 들어선 부분이 있다. 그 점은 제적등본과 유족

---

7) 약산의 막내 여동생 김학봉에게 청취한 내용이다. 김학봉은 1932년생으로 약산과 나이 차이가 34세나 된다. 그녀가 밝히고 있는 약산의 유년 시기 이야기에는 신빙성에서 문제가 있다. 그러나 광복기에 일어난 일들은 그녀가 그 일을 어느 정도 생생하게 기억할 수 있는 소녀 시절이었기에 믿을 만하다. 김학봉은 밀성초등학교 5학년 때 오빠 약산이 대구와 밀양을 잇는 국도를 거쳐 고향으로 돌아오는 모습을 직접 보았다고 진술하고 있다. 그녀는 1946년에 문을 연 밀양초급학교에 입학한 후 2학년 1학기 때에 부산에 위치한 경남여고로 편입하였다. 그러나 경인전쟁으로 학업을 포기하였다가 그 이듬해 8월 15일 군인들에게 잡혀가 나라 잃은 시기에 염색공장으로 사용된 밀양의 수용소에서 정전회담이 끝날 무렵까지 잡혀 고초를 겪다 풀려났다고 한다. 그 뒤 1970년대에 사포초등학교에서 잠시 교사로 일하였다.

8) 지적도와 건축대장 참고.

가운데 한 사람인 김학봉의 진술에서 확인되었다. 글쓴이는 제적등본과 김학봉의 진술에 기초하여 잘못된 점을 가려내고, 이를 토대로 올바른 가계도를 작성해 보고자 한다.

(1) 염인호가 그린 약산의 가계도

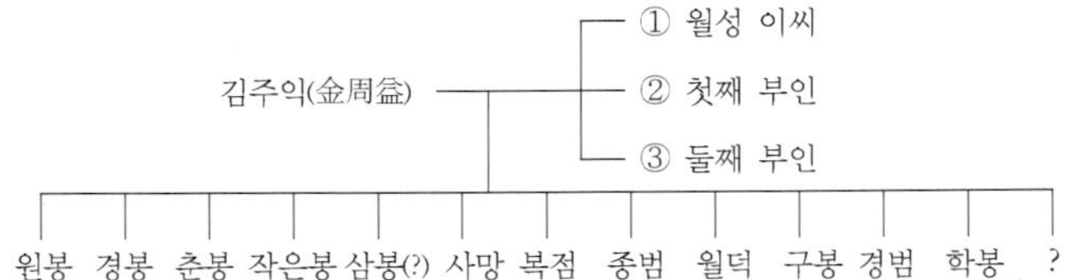

약산의 선친인 김주익은 세 아내를 차례로 맞이한 것으로 알려졌다. 원봉과 경봉은 첫째 부인이 낳은 자식이고, 둘째 부인은 춘봉, 작은봉, 삼봉을 낳았고, 유산하여 죽은 아이도 있다. 그리고 셋째 부인은 복점(女), 종범, 월덕, 구봉, 경범, 학봉(女)을 낳았다. 그리고 학봉 아래에 성명 미상의 아이가 또 하나 있었다고 했다. 그러나 이런 점들은 어디에 근거를 두고 있는지 언급이 없다. 이렇듯 염인호의 약산 가계도에는 제적등본에 등재된 이름과 비교하면 바로 잡아야 할 부분이 많다.

(2) 제적등본에 기초한 가계도

제적등본에는 약산이 장남으로서 호주로 등재되어 있다. 제적에는 밀양부 내이동 901번지－현재 밀양시 내이동 901번 지－로 등재되어 있다. 이 재적을 중심으로 살펴볼 때, 약산 의 가계도는 염인호의 것과 다르게 나타난다. 제적등본을 토 대로 가계도를 만들면 다음과 같다.

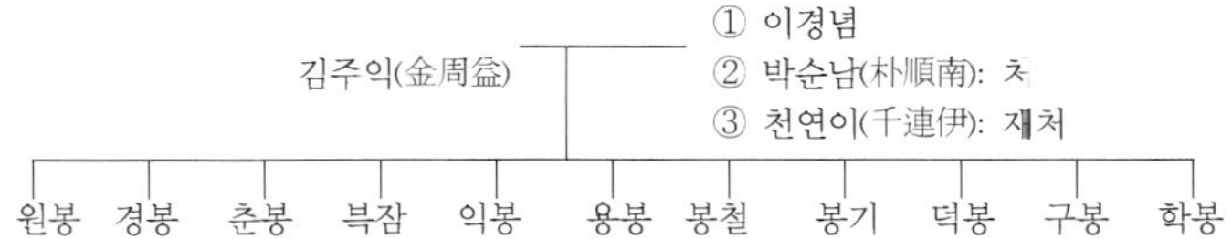

원봉(元鳳: 1898년생)과 경봉(景鳳: 1904년생)의 저적등본 모 (母)란에는 이경념(李京念)이 기록되어 있다. 그런데 제적등본 에는 김주익의 처로 이경념이 등재되어 있지 않고 박순남, 그 다음으로 천연이만 기록되어 있다. 그리고 춘봉(春鳳), 익봉(翊 鳳), 용봉(龍鳳)의 어머니에는 박순남으로 기록되어 있다. 나머 지 복잠(卜岑: 1911년생, 女)[9]과 봉철(鳳澈: 1917년생), 봉기(鳳 其: 1924년생), 덕봉(德鳳: 1925년생), 구봉(九鳳: 1928년생), 학봉 (學鳳: 1932년생, 女) 등은 천연이가 어머니로 기록되어 있다.

---

9) 제적등본에는 복잠의 아버지는 '김주익', 어머니는 '천연이'로 되어 있다.

제적등본에는 셋째 부인 천연이가 모(母)로 되어 있는 복잠은 춘봉과 익봉 사이에 기재되어 있다. 곧 박순남이 낳은 춘봉(1909년생)보다 나이는 적고, 익봉(1914년생)의 나이보다 많은 것으로 보아 셋째 부인 천연이가 데리고 온 배다른 아이로 김주익의 호적에 등재된 것으로 생각된다.

그리고 약산의 제적등본 사유란에는 비어 있다. 또한 호주 승계자인 약산의 제적등본에는 그의 첫째 부인인 광복열사 박차정[10]의 이름, 그녀의 죽음으로 새로 맞이한 최동선의 이름과 그 사이에서 태어난 중근과 철근의 이름도 빠져 있었다.

글쓴이는 제적등본을 확인하는 과정에서 약산의 생년월일도 바로 잡아야 할 부분이라는 점을 발견했다. 염인호의 약산 해적이에는 그의 생년월일이 1898년 8월 13일로 되어 있다.[11] 그런데 제적등본에는 약산이 1898년 3월 14에 태어난 것으로 되어 있다.[12] 따라서 약산의 생년월일도 1898년 3월 14일로 바로 잡혀야 할 것으로 보인다. 이런 착오는 이 연구자가 족보를 근거로 삼았기 때문에 나올 수도 있을 것이다. 글쓴이는 아쉽게도 족보를 확인하지 못했다. 그래서 이 문제는 좀 더 꼼꼼한 접근이 요구된다.

---

10) 광복열사 박차정의 유골은 약산의 환국 때 밀양으로 가져와 부북면 감내마을 풍정산에 묻었다. 박태일(1997), 「광복열사 박차정의 삶과 문학」, 『지역문학연구』창간호, (경남지역문학회), 33쪽.

11) 박성수(1984)의 「의열단연구」(정신문화연구원)에서 참조한 것으로 밝히고 있다.

12) 제적등본 생년월일란에는 光武二年 三月十四日로 표기되어 있다. 하지만 이 때의 월일이 양력인지 음력인지에 대해서는 확인할 수 없었다.

(3) 김학봉의 진술을 근거로 한 가계도

김학봉의 진술에 따르면, 약산은 아버지 김해 김씨 삼현파 주익과 어머니 월성 이씨의 2남(원봉, 춘봉) 가운데 장남으로 태어났다. 약산의 친모인 월성 이씨의 죽음으로 김주익은 둘째 부인을 맞이한다. 그녀는 여식인 복점을 데리고 왔고, 춘봉, 소봉, 용봉을 낳았다. 그리고 셋째 부인은 봉철, 봉기, 덕봉, 구봉, 학봉을 낳았다. 김학봉의 진술을 토대로 약산의 가계도를 그려보면 다음과 같다.

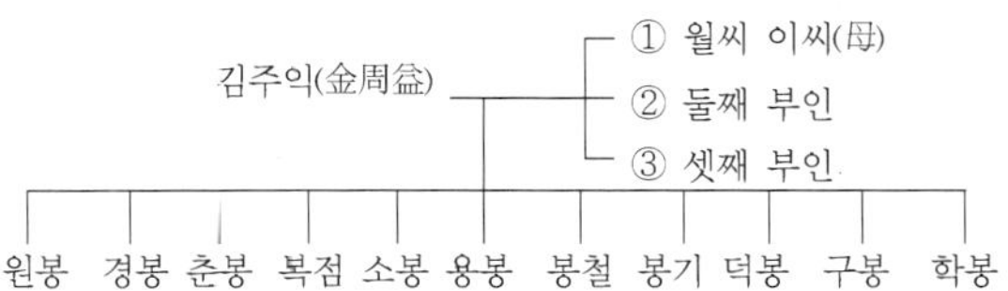

그러나 복점은 둘째 부인이 데리고 온 여식으로 김학봉은 진술한다. 또한 셋째 부인에서 난 자식들 가운데 종범, 월덕, 경범(염인호: 1992, 12쪽)도 그 이름은 잘못되었다. 종범은 용범으로, 월덕은 덕봉으로, 경범은 봉기로 바로 잡아야 한다. 그리고 김학봉 아래에 성명 미상의 아이 1명(염인호: 1992, 12쪽)은 김학봉에게 확인한 결과 없는 것으로 밝혀졌다. 염인호의 글에서 작은봉으로 알려진 사람은 김학봉의 진술에 따르면 소봉이다.

위의 가계도에는 아픈 가족사가 배여 있다. 약산의 월북은 형제들에게 큰 고통과 시련을 안겨 주었다. 앞에서 밝히고 있듯이 경인전쟁 이듬해 8월 15일을 전후로 용봉, 봉기, 덕봉, 구봉[13]은 군인들에게 체포되어 추풍령으로 끌려간 뒤 총살 당했다. 그리고 춘봉은 그 당시 부산에 잠적한 상태였기 때문에 살아남았다. 약산의 막내 여동생 김학봉도 함께 끌려갔지만, 여자라는 이유로 죽지 않고 밀양에 있는 수용소[14]에 3년 동안 갇혔다.

(4) 바로잡은 약산 가계도

글쓴이는 앞의 세 가지를 근거로 삼아 약산의 올바른 가계도를 작성해 보고자 한다.

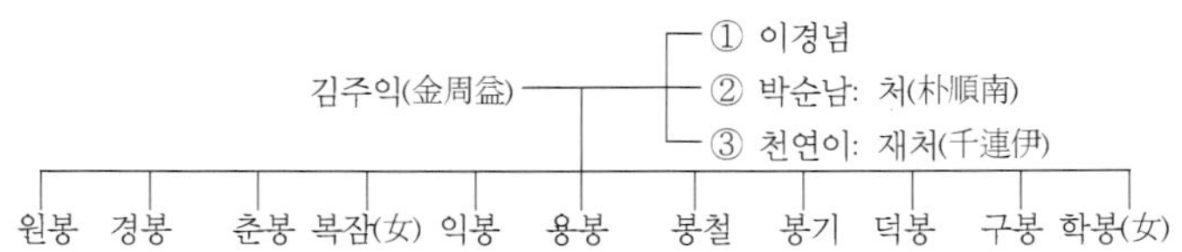

---

13) 제적등본에는 봉기의 사망년도가 1956년 7월 7일 8시로 기록되어 있다. 그리고 제적등본 사유란에는 그의 아내가 1976년에 사망신고한 것으로 되어 있다. 이런 점에서 경인전쟁 중에 죽은 김봉기를 한참 뒤에 호적 정리를 위해 임의로 사망 날짜를 기재한 것이다. 그래서 약산의 동생들이 총살당한 정확한 연도와 날짜는 알 수 없다.

14) 일제강점기에 염색·방적공장으로 사용되었던 이 수용소는 밀양시 내이동에 위치하고 있었는데, 지금은 주택은행 건물로 변했다.

김주익과 첫째 부인 이경념의 사이에서 원봉, 경봉이 태어났고, 둘째 부인 박순남은 춘봉, 익봉, 용봉을 낳았다. 셋째 부인 천연이가 낳은 자식은 봉철, 봉기, 덕봉, 구봉, 학봉이다. 제적등본에는 둘째 부인 박순남이 김주익의 처로 되어 있지만, 김주익의 본처는 이경념이라는 것을 밝혀 둔다. 민적부 제도의 성립 전에 이경념이 사망한 것 때문에 제적등본에 처로 등재되지 못했을 것이다. 그리고 복잠은 김학봉의 진술과 다르게 셋째 부인이 데리고 온 자식이라는 점도 제적등본으로 밝혀졌다.[15]

4) 마무리

글쓴이는 이 들을 통해서 지금까지 약산 해적이에서 잘못된 점을 바로 잡았다. 첫째, 약산의 생가는 밀양시 하감 57번지가 아니고 밀양시 내이동 901번지이다. 둘째, 약산의 가계도에서 잘못된 점을 발견하였고, 그것을 올바르게 놓아두었다. 또한 그의 생년월일도 바로 잡았다.

글쓴이는 이 글로 약산 연구를 하고자 하는 이들에게 이

---

15) 염인호의 글에는 '복즌'은 셋째 부인이 낳은 것으로 되어 있으며, 그녀를 '복점'으로 잘못 기록하고 있다. 그런데 제적등본에는 셋째 부인 '천연이'가 복잠의 어머니로 되어 있다. 또한 김학봉은 복잠을 둘째 부인 박순남이 데리고 온 여식으로 기억한다.

부분만이라도 힘이 덜게 되었기를 바란다. 또한 여전히 밝혀지지 않은 그의 초기 생애를 복원하는 데 연구자들이 더 힘을 쏟았으면 한다. 그리고 넓게 약산을 알린다는 뜻에서 그의 해적이를 간략하게 간추려 글 뒤에 붙였다. <1998>

도움글

염인호(1992), 『김원봉 연구』, (창작과비평사)
한겨레신문사문화부(1992), 『발굴한국현대인물사』, (한겨레신문사)
박태일(1997), 「광복열사 박차정의 삶과 문학」, 『지역문학연구』 창간
　　　호, (경남지역문학회)
박태원(1947), 『약산과 의열단』, (백양당)
석원화 씀, 정운경 번역(1997), 『약산 김원봉 장군』, (도서출판 고구려)
김영범(1997), 『한국 근대민족운동과 의열단』, (창작과비평사)

〈김원봉 해적이〉

1898년 3월 14일 경남 길양부 내이동 901번지에서 태어남.
1905년 서당 입학(?).
1908년 보통학교 2학년 편입(마산 창신학교인 듯: 확인되지 않음: 진
　　　주농업학교).
　　　표충사에서 잠시 공부하면서 스님이 되고자 했지만 집안의
　　　반대로 절에서 나옴.
1910년 밀양 사립 동화학교 입학, 곧 중퇴.
1916년 서울 사립 중앙학교 입학, 곧 중퇴.
　　　10월 중국 천진 덕화학당 입학.
1917년 여름방학 때 귀국.
1918년 9월 중국 남경 금릉대학 입학.
1919년 2월 말, 3월 초 남경에서 봉천으로 감.
　　　6월 서간도 신흥무관학교 입학.
　　　9월 신흥무관학교 퇴교, 길림으로 감.
　　　11월 의열단 창단(길림).
　　　　의열단 단원들과 상해로 가 폭발탄과 총기를 구함.
1920년 5월 안창호와 면담.

1921년 5월 상해에서 이승만 반대운동 활동.

1923년 1월 의열단 '조선혁명선언', 일명 의열단 선언 작성.

　　　　6월 의열단 총회 개최(상해).

1925년 2월 20일 <동아일보>에 「민족과 사회운동」 투고.

　　　　가을 의열단 광동으로 이동.

1926년 1월 황포군관학교에 제4기 입학(광동).

　　　　늦봄 한국혁명청년회(유오한국혁명동지회)조직, 중앙위원에
　　　　피선.

　　　　6월 여운형과 조선공산당 광동지부 설립문제로 격론.

　　　　12월 의열단원 나석주 동양척식주식회사에 폭탄 투척.

1927년 4월 한국혁명청년회 제2차 임시대회 개최, 광주탈출, 상해를
　　　　거쳐 무한으로 감.

　　　　5월 의열단 독립촉성회운동 선언 발표.

　　　　8월 1일 중국공산당의 남창 봉기에 참여.

　　　　11월 의열단 중국본부 한인청년동맹 창립에 참여(상해).

1930년 4월 레닌주의정치학교 개교(북경).

1932년 10월 20일 남경 교외에서 혁명간부학교 개교(교장에 취임).

1938년 10월 10일 조선의용대 창립, 약산은 총대장.

1943년 부인 박차정 사망.

1944년 5월 8일 임정 군무부장에 취임.

1945년 1월 최동선과 재혼.

1945년 맏아들 중근(重根) 출생(중국 중경에서 낳았다 해서 지은 이름).

　　　　11월 3일 서울 도착.

1946년 1월 26일 밀양 도착.

1947년 둘째 아들 철근(鐵根) 남.

　　　　7월 12일 약산 집 피습.

　　　　북으로 감.

1948년 9월 9일 북한 정부의 국가검열상에 취임.

1952년 5월 국가검열상 해임.

1958년 9월 최고임시회의 상임위원회 부원장 해임.

　　　　11월 숙청설.

2

환산 이윤재의 출생지 고증과
「구주탄생」

1) 들머리

환산 이윤재(桓山 李允宰: 1888. 12. 24~1943. 12. 8) 선생은 나라 잃은 시기 국학으로서 왜로 제국주의에 대항한 우리나라 마지막 선비지사였다. 나라 잃은 시기 환산 존재에 위기감을 느낀 왜로들은 선생을 잡아 가두고 고문하여, 끝내 주검으로 이르게 하였다. 1941년 조선어학회박해폭거가 그것이다.

이즈음 김해에서는 환산 뜻과 얼을 기리는 행사들이 이루어지고 있다.[1] 반가운 일이다. 그러나 허전함은 남는다. 환산과 김해 고리를 뒷받침해 줄 난 데 고증 없이 이루어진 탓이다. 곧 환산 이름간 남아, 떠돌고 있다. 환산 연구가 부실하였거나, 거의 이루어지지 않았다는 데에서 까닭이 읽힌다.[2] 연구 부실은 세밀한 자료조사 부족과 성근 마음에서 비롯된 바크다. 난 데 고증은 무심한 세월로 묻혀 자칫 미궁으로 빠져들 요량이다.

---

1) 1991년 김해시립도서곤 입구에 김해문화원이 주축이 되어 환산 흉상을 세운 일이 일례다. 매년 그곳에서 한메 한글백일장을 개최하기에 이르렀다. 올해로 8회째다. 때늦은 감이 없지 않지만, 마땅한 일이다.

2) 환산 이윤재 연구와 접근은 제대로 된 적이 없었다. 1946년 조선어학회에서 속간 발행한 『한글』 4월호, 5월호와 1973년 외솔회에서 발행한 『나라사랑』이 유일하다.

그래서 이 글은 환산 난 데와 가계도, 아울러 첫 집필 작품을 발굴하여 이를 따져 살펴보는 것에 목표를 두었다. 따라서 논의는 환산 난 데 변증, 가계도 고증, 뒤이어 「구주탄생」 안팎을 살피는 차례를 따른다. 이 일을 빌미로 환산 삶과 문학이 제대로 자리매김 되기를 바란다.

2) 난 데 변증

(1) 성장과 김해 논실(답곡)

이즈음까지 환산 선생 난 데는 김해 답곡 또는 논실(현재 대성)이다. 난 데로 김해 대성동이 자리 잡게 된 까닭을 현재로서는 알 길은 없다. 환산 얼을 기리는 행사를 주관하는 김해문화원조차 대성동은 난 데로 굳어졌다. 곧 난 데 정확한 고증은 이루어지지 못한 형편에서 김해 대성동으로 자리 잡는 형국이다. 더욱이 환산의 셋째 따님3)과 조카4)는 환산 난 데를 정확하게 알지 못하는 형편이다. 셋째 따님은 어릴 때 마산에서 태어나, 곧장 서울에서 살았던 탓이다. 이처럼 여태

---

3) 이영애(환산의 셋째 따님: 대구 거주). 그녀는 마산 상남동에서 태어났다.

4) 이종훈(조카: 대구 거주). 이윤재 막내 남동생 이만재 셋째 아들.

껏 환산 난 데는 김해 대성동이다. 이를 뒷받침하는 기록들을
아래에 둔다.

① 공은 기원 이백이십일 년 십이월 이십오일에 경상남도
김해에서 이용준의 맏아드님으로 태어나서 김해 공립 보
통학교를 졸업하고 김해합성학교에서 교편을 잡으시다가
―「환산 이윤재 님 무덤의 비문」,5) 1946년 4월 6일, 벗 한
　결 김윤경 지음, 봄매 이각경 씀.

② 서기 1888년 무자년 12월 25일, 경남 김해에서 아버지
문헌공 이용준 님과 어머니 이씨 사이에서 큰아들로 태어
나다. 이름은 윤자(允宰), 아호는 한뫼, 한메 등으로도 불
리었으나 대부분 환산(桓山)으로 쓰다.
―외솔회 편집부(1973), 「환산 이윤재 선생 해적이」,『나라
　사랑』, 외솔회, 14쪽.

③ 이윤재(李允宰, 1888~1943) <학자, 민족운동가>
호(號)는 환산(桓山) 또는 한매, 본관(本貫)은 전주(全州)6)
이다. 고종(高宗) 25년 대성동(大成洞) (或은 東上洞)에서
출생하였다.
―문화공보실(1983),『駕洛의 傳說』, 김해시, 271쪽. 1987
　년에 나온 책도 그대로.

④ 이윤재(1883~1943) 호 환산, 한뫼 광주인 容駿子, 고종
25년 대성동생.
―김병태(1989),『김해인물지』, 김해문화원, 135쪽.

---

5) 조선어학회,「한산 이윤재님 구덤의 비문」,『한글』5월호, (조선어학회, 1946), 135136쪽 참조.
　현재 경북 달성군 다사리 중턱에 환산 유택이 마련되었다. 1973년 때 일이다. 이장은 셋째 사
　위 김병제가 도맡았다. 1946년 환산 장의 주비회에서 세운 비석은 한동안 대구 화물 창고에
　방치되어 있다가 대구 시민 성금으로 유택에 다시 세웠다. 나란히 그의 처 정달성도 묻혔다.
6) 전주(全州)가 아니라, 광주(廣州) 이씨다. 뒤에 나온 책에서도 바로잡지 않았다.

⑤ 이윤재 1888(고종 25)~1943. 항일독립투사, 국어학자, 사학가. 호는 환산(환산), 한뫼. 경상남도 김해출신. 용준의 아들이다.
  - 한국정신문화연구원(1991), 『한국민족문화대백과사전』, 한국정신문화연구원, 145쪽.

⑥ 한메 이윤재
1888~1943. 한글 학자. 경남 김해시 대성동 출생. 호는 환산 또는 한메.
  - <한글학회> 홈페이지. 「한글을 빛낸 인물들」

⑦ 고종 25년(1888) 12월 24일. 김해군 우부면 답곡리[7](지금 대성동)
  - 이혁종[8] 구술 자필(2004), 「환산 이윤재 선생 해저기」

일곱 가지는 환산 난 데를 기록한 대표 사례들이다. 여느 것 없이 난 데로 김해 대성동을 지목한다. 그 가운데 환산 셋째 사위 이혁종 자필로 쓴 환산 선생 해적이는 일제강점기에 이름 불린 김해군 우부면 답곡리가 앞선 기록보다 구체 지명이 나와서 눈에 띈다.

김해군 우부면 답곡리는 현재 김해시 대성동으로 지명을 바꿨다. 답곡리, 곧 논골은 지금 김해시 대성동에 위치한 수로왕릉 뒤편에 자리한 작은 마을이다. 답곡과 논실로도 불린

---

7) 문화공보실 엮음, 『가락의 전설』, (김해시, 1983), 251쪽. "답곡(畓谷, 논실)-마을 주위에 논이 많고 옛날 신답평(新畓坪, 새 논들)이라 하여 읍에서는 최초(最初)로 생긴 마을로 대사리로 하였다(여지승람)."

8) 환산 이윤재 선생 셋째 사위.

다. 환산이 난 데로 유력한 것으로 짐작될 법하다. ①, ② 환
산 해적이에는 여태껏 알려진 바 있는 교편생활을 한 김해합
성학교와 기독교 장로회 김해읍교회가 논실에서 바투 자리
잡고 있기 때문이다. 이를 미루어 대성동으로 이름 불린 논실
이 환산 난 데로 본 것은 쉬운 일일 것이다. 그러나 환산 난
데로 대성동이 자리 잡는 고리는 현재로서 마련되어 있지 않
다. 따라서 논실을 환산 난 데로 보기는 현재로서는 어려움이
많다.

우선 김해 논실이 난 데로 지금껏 알려진 까닭에 다가서
는 것이 필요하다. 1946년 환산 비문에 김해에서 났고, 1973년
『나라사랑』에서 김해를 환산 난 데로 기록한 데에서 비롯된
바 크다. 따라서 김해 대성동은 따져 볼 여지가 많은 데다. 이
런 까닭으로 1946년 비문과 1973년『나라사랑』의 환산 해적
이는 고증 없이 이루어진 일은 아닌지 한다.

그리고 환산 처조카 정인홍[9]은 『나라사랑』에서 "나의 고
향인 김해는 또한 선생의 고향이기도 했으나 생족은 한 사람
도 고향에는 살고 있지 않았다. 선생이 김해로 오게 된 것은
당시 선생이 벌이고 있었던 한글보급을 위한 강습회의 강사
로서였다"[10]라고 적어 놓았던 데에서도 김해 대성동이 난 데
로 자리 잡는 이유가 되었다. 그런데 정인홍은 김해에서 환산

---

9) 정인홍은 환산 안사람 정달샘의 조카된다.

10) 외솔회, 「환산 이윤재 선생 해적이」, 『나라사랑』 제13집, (외솔회, 1973), 91쪽.

을 본 때를 1930년대 초반으로 짐작된다. 한글보급 운동이 전국으로 확산되었던 무렵이다. 그의 증언에서도 난 데, 곧 환산 난 데로서 김해는 뭔가 미심쩍다. 확실한 난 데 증언으로 이어지지 못한 데에서도 확인되는 바다. 특히 환산 난 데로 김해가 알려진 데에는 환산 처 연일(延日) 정씨의 달성 고향이 큰 몫으로 자리 잡았다. 곧 정달성은 1890년 김해 답곡에서 났다. 처 고향도 환산 난 데를 김해로 알려지게 한 계기를 마련한 터무니없는 것이었다고 짐작한다.

이런 가운데 글쓴이는 환산 이윤재가 직접 남긴 글에서 김해에 관해 언급한 대목을 살펴볼 기회를 가졌다. 그의 글에서 김해는 태어난 곳이 아님을 스스로 밝혀 놓고 있다. 곧 김해는 환산 난 데가 아님을 변증할 대목이라 주목된다.

> 김해는 내가 일즉 生長하든 고장이다. 그러나 나의 世居
> 之地가 아니므로 거기는 先塋도 없고 親戚도 없다. 그리
> 고 내가 떠나온지 이미 二十餘年이 훨신 지낫으며 또 그
> 후에도 자주 來往이 없었으며 金海란 것이 전연히 기억조
> 차 남아잇지 아니하리만큼 되엇다.
>   -「大駕洛國古都金海」[11] 가운데서

윗글에서 보듯 환산은 김해를 성장한 터로 밝혔다. 곧 난 데는 아니라는 사실이다. 또한 김해를 떠난 지 이십여 년 지

---

11) 이윤재, 대가락국고도김해, 『신동아』 8월호, (신동아사, 1933), 34쪽.

났다는 말을 앞세워 살펴보면 마산 창신학교 교사로 온 때와 맞물린다. 곧 1913년 무렵이다. 환산은 당시 김해 방동리에 자리한 방동교회에서 1911년부터 1913년까지 머물면서 활동한 사실을 글쓴이는 새롭게 밝혔다. 뒤에서 구체적으로 언급하겠다.

이처럼 1933년『신동아』8월호에 실린 것을 염두에 둔다면, 이십여 년 전을 거슬러 올라가 보면 1913년이다. 앞서처럼, 김해 방동리를 떠나 마산 상남동으로 간 때다. 또한 김해는 난 데가 아님은 "세거지지"가 아니라고 환산이 밝힌 부분에서도 이를 더욱 확인하게 되는 셈이다. 이로써 김해는 환산이 성장한 곳으로 바로 자리 잡혀야 한다.

(2) 난 데와 밀양 내이동

환산 김해 흔적은 논실, 제적부, 김해합성학교,[12] 대구계성학교 들에서도 찾아볼 수 없다. 환산 난 데 변증은 지금으로서는 제적부에 기록된 밀양지역에 기대는 수밖에 없다. 환산 본적지는 세 번 바뀐다. 드나듦 흔적인 셈이다. 처음 본적이 기록된 데는 밀양이다. 다음 마산에 이어 서울에서 마무리된다. 마지막 환산 본적지 경성부 팔판정 83번지(현재 서울시

---

12) 김해 사립합성학교는 김해읍교회(기독교 장로교)가 중심이 되어 1904년 4월 10일 문을 연다.

종로구) 제적 사유란에는 밀양에서 부친 이용준 사망으로 호주를 승계한 기록이 나온다. 환산이 호주를 승계한 데는 밀양에 다름 아니다.

환산 본적지는 밀양인 셈이다. 환산 제적부는 밀양에 존재하고 있다. 이 제적부에서 환산 본적은 "밀양군 밀양읍 내이동 779번지"로 기록됐다.[13] 제적부 사유란에는 부친 이용준 사망으로 호주 상속이 1918년 1월 24일 자로 됨을 일러주고 있다. 곧 난 데 실마리는 경성부 팔판정 83번지로 기록된 제적부[14] 사유란에서 처음 발견하게 된다. 이처럼 환산이 호주를 승계한 데는 '경상남도 밀양군 밀양읍 내이리 779번지'[15]이며, 본적지라는 새로운 사실을 발견하게 된다.

따라서 글쓴이는 환산 난 데를 변증하고, 본적은 밀양임을 새롭게 마련하였다. 이를 바탕으로 삼아 새로 벌충한 환산 해적이를 아래에 둔다. 밀양, 김해 진영, 마산으로 이어지는 삶 흔적만을 아래에 기록하였다. 곧 서울로 본적을 옮기기에 앞서 이루어진 드나듦이다.

> 1888년(1세) 밀양 내이동 779번지에서 광주 이씨 용준의
> 장남으로 태어남.
> 1896년(9세) 여동생 이금욱 태어남.

---

13) 밀양시청 제적부 2004년 11월 2일.

14) 이 제적등본은 환산이 서울로 올라간 뒤 기록된 것이다. 1926년 7월 20일에 기록된다.

15) 현재는 밀양시 내이동 779-1, 779-2번지로 나누어졌다. 밀양시 지적도 참고(2004. 11. 3).

1902년(15세) 남동생 이만재 태어남.

1909년(22세) 동래 정씨 달성과 혼인. 마산창신학교 창원군 외서면 상남리(현재 마산시 상남동 71번지) 87번지로 이전.

1911년(24세) 12월 김해 방동리(현재 진영군)에 위치한 방동교회 교우토서 <예수교회보>에 「구주탄생」실음.

1913년(26세) 6월 장녀 순경 태어남.

1914년(27세) 창신학교 교사로 옴.[16] 3월 16일 마산포교회 주일학교 교사 이윤재 임명.[17] 창신학교 교가 작사.[18]

1917년(30세) 5월 차녀 무궁화 마산 상남동에서 태어남.

1918년(31세) 1월 부친 이용준 사망. 1월 24일 흐주 승계.

1919년(32세) 평북 연변 숭실학교에서 기미만세의거 주동으로 피옥 3년.

1920년(33세) 12월 23일 마산포교회 유년주일학교 회장 이윤재 선출.[19]

1921년(34세) 2월 삼녀 영애 마산 상남동에서 태어남. 3월 주일학교 회장 사임.[20] 7월 2일 집사 이윤재는 출타하여 본직을 이행치 못하게 됨.[21] 부산 영도 출신 김성윤[22] 도움으로 6월 기차로 북경 감.

1924년(37세) 3월 북경대학 졸업. 마산포교회 공동처리회

---

16) 마산문창교회85년사편찬위원회, 『마산문창교회85년사』(마산문창교회, 1983), 7071쪽.

17) 마산문창교회85년사편찬위원회, 앞선 책, 31쪽.

18) 창신60년사편찬 위원회, 『창신 60년사』(창신중·고등학교, 1969), 71쪽.
　아세아 동천구반도 성열다 두궁화 금수강산
　오늘 문명 선구자는 우리 학교 창신일세
　이-우리 창신아 나의 사랑
　위인과 열사가 여기서 나네
　아- 우리 창신아 나의 사랑

19) 마산문창교회85년사편찬위원회, 앞선 책, 32쪽.

20) 마산문창교회85년사편찬의원회 앞선 책, 208쪽.

21) 마산문창교회85년사편찬위원회, 앞선 책, 35쪽.

22) 1907년 부산 영도에서 태어나, 대한제국 군부 참서를 지낸 인물. 1910년 경술국치가 되자 벼슬을 버리고 김해 진영데 들더가 농사를 지으면 유학생을 공부시켰다.

에서 이윤재 집사로 선출됨.[23] 7월 장남 원갑 마산 상남동
에서 태어남.
1926년(39세) 1월 차남 원주 태어남(경기도 팔판동). 4월
19일 마산부 상남동에 전적. 7월 20일 경기도 팔판동으로
본적지 옮김.

　새로 마련한 해적이로 살펴보면 환산 난 데로서 밀양은 자
리 잡는다. 1918년 부친 이용준의 죽음도 밀양에서 맞이한다.
환산 나이 31세 때다. 나고 죽는 일은 배달겨레 중요 제의다.
그래서 제적부에 삶과 죽음을 엄밀하게 기록한다. 이처럼 부
친 김용준 사망으로 호주를 승계한 데로 밀양 내이동이 기록
된 만큼 이곳을 환산 본적과 난 데로 보는 것은 타당한 일이
다. 그러나 환산 제적부 사유란에 그의 출생신고가 기록되어
있지 않은 탓에 의문을 낳는다. 그런데 왜로에 의해 마련된
새로운 호적 제도 실행이 1910년대임을 감안한다면 환산 출
생 신고는 기록될 리 만무한 노릇이다. 따라서 이를 두고 의
문을 두는 것은 마땅치 않다.
　환산 본적과 난 데로 밀양을 생각하는 다른 까닭은 첫째와
둘째 딸이 태어난 곳을 제적부에는 기록되어 있지 않는 데에
서 찾게 된다. 환산의 본적에 기록되어 있는 밀양에서 태어난
것으로 마땅하게 생각하였기에 출생지를 두 딸에게는 밝히지
않았다고 여겨진다. 그래서 첫째 순경과 둘째 무궁화 출생지

---

23) 마산문창교회85년사편찬위원회, 앞선 책, 154쪽.

는 제적부에 기록하지 않았다. 셋째 딸 영애와 장남 원주는 고향 밀양이 아닌 마산에서 난 까닭으로 제적부 사유란에 기록한 데에서 이를 뒷받침해준다.

　제적부에는 덧붙여진 사실이 있다. 환산은 난 켸를 밀양에 근거를 두고, 김해 진영과 마산도 드나들었다. 1913년까지 밀양에 환산 가족은 그대로 살고 있었다고 짐작된다. 1914년 마산 창신학교로 오면서, 가족들도 함께 데리고 온 것이다. 마산에 와서 본적을 옮기지 않고 그대로 1925년까지 머물었던 상황이 제적부에 기록되었다. 마산 떠나 경기도도 가기 위해서는 행정절차상 새 호적을 만들 일이 생겼다. 그래서 1926년에 밀양서 마산으로 전적한 것이다. 생활 근거지가 바뀐 한참 뒤에 이루어진 행정절차이다. 1926년 밀양에서 마산으로의 전적이 이루어진 셈이다. 1925년 4월 마산부 상남동 235번지로 전적한 뒤, 곧장 7월 경기도 팔판동 83번지로 본적을 옮긴다. 막내아들 원주가 1926년 1월 경기도 팔판동에서 태어난 것에서 알 수 있다. 미루어 환산은 앞서 1925년 12월경 서울에 와 있었다고 봐야 옳다. 1926년 초부터 서울에 와 있던 가운데 행정절차는 뒤따른 일이다.

3) 가계 고증

(1) 흩어진 가계

환산 선생이 1943년 12월 8일 함흥감옥소에서 돌아가신 뒤, 같은 해 서울 성동구 광나루 근처 방앗골 산 28번지에 유택을 마련한다. 광복을 맞이하여 조선어학회박해사건으로 함께 투옥된 한결, 고루, 여러 동지들이 뜻을 모아 새로운 묘를 만들어 이장하는 행사를 광주군 중대면 방이산에서 1946년 4월 6일(토) 오후 1시에 가졌다. 사회는 고루 이극로, 약력 보고는 한결 김윤경이 맡았다. 그때 묘비명에 간략한 해적이를 새겼다. 비문 마지막에 가족 상황이 기록되었다. 가계를 알 수 있는 첫 번째 기록이다.

> "공의 사사 생애는 원갑, 원주의 두 아들과 아우 만재가
> 문호를 지키고, 순경, 무궁화, 영애의 세 따님을 두었는데
> 맏은 김병제에게, 둘째는 박종식에게, 막내는 이혁종에게
> 시집갔다."
>
> — 환산 이윤재 묘비명(1946) 가운데서

환산 비문에 기대어 1973년 『나라사랑』의 환산 해적이는 마련된 듯싶다. 이즈음 환산 해적이는 비문을 바탕 삼아 연이어 기록되었다. 그런 까닭에 현재 환산 가족상황은 제대로 알려진 바 없다. 광복 뒤에는 기록되지 않았다. 알려고 하지 않

앉거나, 조금은 부담스러웠던 탓이다. 따라서 글쓴이는 광복
과 경인동란을 거친 뒤 현재까지 새롭게 마련한 환산 가계도
를 아래에 적어 둔다.[24]

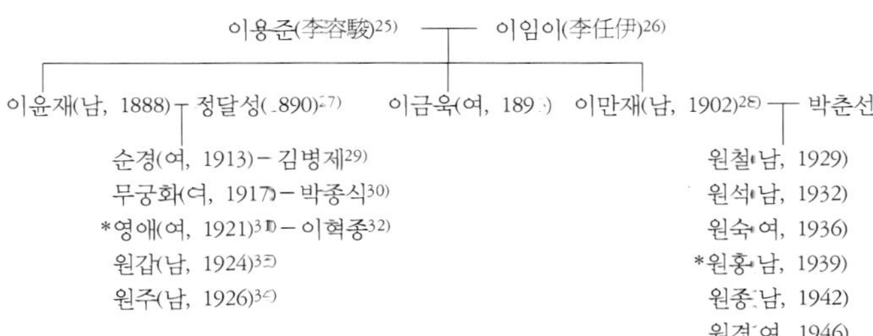

*는 현재 남한에 남아 있는 가족 표시

---

24) 환산 셋째 따님과 사위 이혁종. 조카 이원홍과 구술 면담(2004. 10. 22. 대구).

25) 1918년 밀양에서 사망 환산 밀양시 제적부 참고).

26) 1857년 생. 경주 이씨다(환산 밀양시 제적부 참고).

27) 연일(延日) 정씨 다. 정운회(鄭政雲)와 이순남(李順南) 사이에서 장녀로 태어났다(환산의 마산시, 서울시 제적부에서 참고)

28) 경인동란 때 인민군에 부역했다는 이유로 부부 모두 국방군에 끌려간 뒤 소식이 없었다고 함. 셋째 아들 증언. 이간재도 일제강점기에 형 환산과 나란히 1929년 3월호『진생』(제5권 제1호)에 시「내마음 거문고」, 1929년 11월 같은 잡지(제5권 제9호)에 시「片秋 嘆詠」을 발표하기도 한다.

29) 본적은 경남 경주군 경주읍 성동리 322번지다. 김병제는 광복기에 1947년 12월 20일 이윤재 지음. 김병제 엮음의『표준 조선말 사전』을 아문각에서 낸다. 서문을 김병제가 썼다. 광복기에 가족과 함께 월북하여 김일성대학에서 언어학 교수를 지내기도 했다. 1972년. 김일성의 주체사상이 자리 잡는 가운데 그의 행적은 알 길이 없다.

30) 본적은 전남 고흥군 듬산면 신평리 209번지이다. 광복기에 월북.

31) 마산부 상남동 235번지에서 태어남. 광복기에 월북.

32) 경성제대 출신 시집으로『증소리』(1946),『물레방아』(1948)가 있다(이혁증 구술 면담).

33) 마산부 상남동 235번지에서 태어남. 광복기에 월북.

34) 경기부 팔판동 83번지에서 태어남. 광복기에 월북.

환산은 1888년 광주 이씨 용준의 장남으로 태어났다. 아래에는 여동생으로 이금욱과 남동생 이만재가 있다. 환산은 정달성과 1909년에 혼인을 하여, 그 사이에 3녀 2남을 두었다. 환산 죽음 뒤에 맞이한 광복기에 자녀들은 여느 사람들보다 왜로에 빌붙은 자들이 여전히 활개치는 광경이 이해되지 못하였다. 이런 지경에서 이들을 반대하는 목소리는 클 수밖에는 없을 노릇이다. 환산을 죽음으로 이끈 이들이 누구인가를 생각하면 알 일이다. 광복기에는 되찾은 나라에서 경찰 요직에 앉아서, 다시금 광복투사들을 가두는 일이 빈번하자 환산 가족들은 살 데가 못 된다는 생각에 미치자 남한을 등지게 된 것 같다.

결국 셋째 딸 영애만 남고, 모두 월북으로 이어진다. 사위 김병제와 박종식도 마찬가지다. 그리고 환산의 남동생 이만재는 경인동란에 부부와 함께 끌려간 뒤 소식이 없다.[35] 자녀 가운데 셋째 아들 이원홍이 남아 환산 셋째 딸 영애와 함께 경인동란 뒤 대구에 자리 잡아 지금껏 생존해 있다. 결국 환산 가족은 광복을 맞이한 뒤 이리저리 흩어지는 아픔을 겪었다.

(2) 강제된 창씨와 개명

환산 가계를 고증하면서, 글쓴이는 환산 제적부에 치욕의 흔

---

35) 이원홍 구술 면담(2004. 10. 22. 대구).

적이 기록된 것을 새롭게 확인하였다. 이 글을 빌려 토 단다. 제
적부에 기록된 내용을 아래에 옮겨 둔다.

> 대정 7년에 이용준 사망. 경남 밀양군 밀양읍 내이리 779
> 번지에서, 출 대정 15년 7월 20일 …(생략)….
> 씨변을 아니하므로 인하여 1940년(소화 15년) 8월 11일 이
> 를 씨로 함. 1943년(소화 18년) 4월 19일 경성지방법원의
> 재판에 의하여 씨 이를 경촌으로 변경.
> 1943년(소화 18년) 4월 19일 경성지방법원의 허가에 재판
> 으로 기명 윤재를 윤으로 도변
> ─환산 이윤재 제적부 사유란 가운데서(제적부 본적: 경기
>   도 팔판정 803번지)

위 기록은 왜로 군국주의의 야만성을 고스란히 드러낸 환
산 제적부다. 밀양과 마산을 거처 서울에 올라와 작성한 제적
부다. 제적부에는 환산이 평양감옥에 수형된 1943년 4월 19
일 왜로의 만행이 기록되어 있다. 왜로의 모진 고문과 협박에
도 뜻을 꺾지 않은 환산이지만 강제로 창씨와 개명은 일삼아
졌다. 곧 경촌(慶村) 윤(允)이다. 따라서 이즈음 환산 제적부에
아픈 역사를 똑바로 기록하는 것은 남은 이의 도리로 본다.
　앞서 둘 살펴본 바와 같이, 글쓴이는 환산 난 데와 가계를
고증하여 새롭게 밝히고 덧붙였다. 곧 환산은 밀양에서 나서
자랐다. 아울러 가계 고증으로 이제껏 환산이 제대로 자리매
김하지 못한 까닭에도 다가설 수 있었다. 환산의 죽음과 자
녀, 사위, 조카의 월북과 납치, 광복기에는 이른바 좌익 집안

으로 몰려 가족이 흩어지는 아픔으로 환산에 이르는 길은 더
디고 또 더뎠음을 새삼 깨닫게 되었다.

4) 최초 집필활동 「구주탄생」

(1) 안쪽 들여다보기

　환산 작품 「구주탄생」은 <예수교회보> 1911년 12월 4일
자 1면에 실렸다. 「구주탄생」은 "기독교가 우리나라에 도래
하여 교회당 안에서 낭랑한 창가(唱歌)"[36]로 노래 불린 것이
다. 따라서 교회당에서 불리는 것이 분명한 목표를 둔 창가로
서 「구주탄생」은 놓이는 셈이다.
　이처럼 「구주탄생」은 예수 탄생을 창가 형식으로 이야기
한 작품이다. 이 무렵은 기독교 문화가 전국에 걸쳐 뿌리를
내리기 시작한 때고, 방방곡곡에 교회당이 세워진 때다. 이처
럼 창가는 학교, 교회, 그리고 집회에 노래 가사로 널리 보급
되었다. 특히 <독립신문>에 창가 형식이 발표되면서 큰 유
행을 보인다. 환산 작품을 그대로 아래에 둔다.

---

36) 조윤제, 『국문학사개설』(을유문화사, 1967), 202쪽.

구쥬탄싱(김히군방동교회 리윤직)

一 스랑ᄒᄂᆫ성도들귀을기우러
  구쥬예수나신일드러보시오
  경스롭디신이월이십오일은
  일천구빅십삼희성탄졀일세

二 아시아쥬극셔편불네시런국
  갈닐리도ᄂᆞ사릿젹은고을에
  마리아ᄂᆞᆫ요셉과더혼ᄒᆞᆫ쳐녀
  요셉이ᄂᆞᆫ넷님군짜윗의ᄌᆞ손

三 하ᄂᆞ님이보내신텬ᄉᆞ가브렐
  쥬의명을밧드러마리아의게
  네가임의쥬은히엇엇ᄂᆞ니리
  슈틱ᄒᆞ야아들을나흐리로다

四 나흔의기일홈을예수라ᄒᆞ라
  뎌기쟝ᄎᆞ놉흐고크게되리라
  마리아ᄂᆞᆫ사나희모른다ᄒᆞᆫ들
  쥬ᄭᅴ셔ᄂᆞᆫ못ᄒᆞᆯ일젼혀업도다

五 성례젼에잉틱됨어인일인가
  남편요셉은코져싱각ᄒᆞᆯᄶᅢ에
  쥬의ᄉᆞ자니르러현몽ᄒᆞᄂᆞᆫ말
  「너ᄒᆡ안히마리아ᄃᆞ려오기를

六 념려마라뎌의지잉틱ᄒᆞᆫ거시
  셩신으로됨이니아들을나하
  ᄌᆞ긔빅셩뎌죄어구원ᄒᆞ리라
  임마누엘날것은예인ᄒᆞᆫ배라」

七 요셉이ᄂᆞᆫ쥬압히의로온쟈라
  분부ᄃᆡ로힝ᄒᆞ야안히ᄃᆞ려와
  싱ᄌᆞᄒᆞᆯᄶᅢ까지ᄂᆞᆫ동침치안코
  이일딕을기ᄃᆞ려지내엿더니

八 로마황뎨가이샤아구시도가
  령을ᄂᆞ려텬하로호젹ᄒᆞ라니
  뎌셩으로가ᄂᆞᆫ쟈만코도만타

벳을네헴니르는요셉마리아
九 사관집이좁아셔손들만흔듸
　　목슈요셉누구라용납ᄒ리오
　　셔리오고바람찬이날밤에야
　　맞츰거긔히산홀긔약니르러
十 맛아들을나흐매강보로싸셔
　　륙츅들과흔가지구유에뉘네
　　놉고놉흔구쥬들누가알니오
　　하늘노서텬군들하례드리네
十一 양무리를직히는목쟈들의게
　　쥬의영광빗치며텬스림ᄒ네
　　목쟈들은놀나셔쩔며업듸니
　　텬스일너굴ᄋ듸「무셔워말나
十二 너희의븨깃브고아름단쇼식
　　가져오니만민에밋츨지니라
　　싸윗성에오늘날너희위ᄒ야
　　그리스도구쥬가나섯ᄂ니라
十三 이말슴은표적이되는것이니
　　구유안에눈것을차차보리라」
　　어늬듯시히다흔텬스텬군들
　　소ᄅ놉혀샹쥬들찬숑ᄒ기를
十四「그륵ᄒ다지극히놉흔곳에는
　　하ᄂ님쎄영광를돗녀보내고
　　싸에셔는깃븜을닙은쟈의게
　　쥬은혜로평안을엇으리로다」

　「구주탄생」은 구세주 나심 역사를 낱 도막마다 풀어낸다.
예수 탄생 이야기를 열네 도막으로 짜낸 작품이다. 낱 도막은
모두 열넷이다. 그리고 낱 도막은 네 줄로 짜인다. 열네 도막
으로 짜여 있는 「구주탄생」은 결국 오십육 줄이 이야기를 이

끄는 셈이다. 한 줄에 반드시 글자 열두 자를 맞추어 놓았다. 규칙 마련으로 호흡은 자연스럽게 나온다. 덧붙여 극문 표기하여 접근성을 높였다.

이처럼 「구주탄생」은 성경교육 방편으로 창작돈 셈이다. 곧 낱 도막마다 예수 탄생과 관련된 인물과 장소를 적절하게 내세워 노래하는 이로 하여금 저절로 흥미와 관심을 가지도록 이끈다. 예수 탄생에 등장하는 사람과 지역을 낱 도막마다 배치해 넣었다. "나사렛, 마리아, 요셉, 가브리엘, 임마누엘, 가이사 아구스도, 베들레헴"들은 예수 탄생 이야기를 기억하도록 이끈 매개물이다. 특히 천사의 말을 더해 극적 분위기를 높인 시적 짜임새는 환산 문학의 됨됨이를 짐작하게 해준다. 「구주탄생」은 낱 도막마다 긴장감이 떨어지지 않그, 마지막 토막까지 단숨에 나아가게 하는 힘을 지녔다.

살펴본 바와 같이 「구주탄생」은 잘 짜인 구성에다, 누구나 쉽게 예수 탄생 이야기에 접근할 수 있도록 이끈다. 이런 이유로 『예수교회보』에 실렸다. 그러나 문학 됨됨이단으로 『예수교회보』에 글이 실리는 것은 아니다. 매체에 이름을 올리고 글을 싣는 데에는 인적 교류가 앞서 놓여 있다. 인적 교류의 예로서 『예수교회보』에 1911년 김해 방동교회 교우 이윤재 작품이 실리게 된다. 곧 이윤재는 당시 기독교 장로회에서 이미 중요한 위치에 서 있었음을 보여준다. 기독교 기념일인

성탄절에 맞추어 발행된 회보에 이윤재의 「구주탄생」이 실린 것이 이를 뒷받침한다.

(2) 바깥 들여다보기

환산의 집필활동은 이제껏 1922년 『東明』 1권 10호에 실린 「중국의 새 문자(상)」가 처음으로 알려져 왔다. 북경대학을 졸업한 뒤, 이어진 문필활동을 보여준 예다. 그러나 앞서 살펴본바, 이윤재의 문필활동은 마산 창신학교에서 이미 이루어졌다. 1914년 4월 5일 창신학교 교가를 환산은 작사한다.[37) 환산의 문필활동은 8년 앞당겨지는 셈이다.

이런 가운데 글쓴이는 창신학교 교가 작사 활동보다 앞서는 이윤재 「구주탄생」을 발굴하여 확인하였다. 이 창가는 환산 최초 집필로서 의미를 가진다. 또한 「구주탄생」은 환산이 머문 곳을 알 실마리를 제공한다는 점에서도 의미 깊다. 곧 「구주탄생」으로 말미암아 밀양과 김해 진영 그리고 마산으로 이어지는 환산의 드나듦을 확인하게 될 일이다.

「구주탄생」은 『예수교회보』[38)에 실린다. 『예수교회보』 1911년 12월 24일 자에 김해군 방동교회 교우 이윤재가 지은

---

37) 창신60년사편찬위원회, 앞선 책, 71쪽 참조. 작곡은 마산 창신학교에 환산과 함께 교사로 일한 자산 안확이 맡았다.

38) 『예수교회보』는 1910년에 처음 발행됨. 편집인 게일(James S. Gale).

「구주탄생」이 실렸다. 『예수교회보』는 제임스 게일(James S. Gale)의 편집 아래어 만들어졌다. 이윤재가 교우로 있던 방동교회는 경남노회 산하 김해읍교회에서 관할한 데다.[39] 1911년은 환산 나이 24세다. 알려진 바에는 1912년 무렵 대구 계성학교에서 학생들을 가르친 때로 알려져 있다.[40] 그러나 확인할 방도는 없다. 1914년에는 마산 창신학교 교사로서 있을 쯤이다. 나이 27세 때다. 이렇듯 1911년부터 1913년까지는 환산 흔적이 확실하지 않은 시기다. 그런 점에서 「구주탄생」은 이 공백을 메우게 한 자료인 셈이다.

이처럼 191□년 무렵 환산 흔적을 밝혀줄 실마리로서 「구주탄생」은 놓인다. 당시 밀양과 마산, 김해를 잇는 기독교 장로교우로서 환산 드나듦을 헤아리는 자료다. 또한 김해 방동교회 교우 글이 <예수교회보> 실리게 된 속사정이다. 기독교 장로교 중앙 매체에 이윤재 글이 실리게 된 이유다. 곧 당시 환산은 장로 고유로서 자리를 굳히고 있었음을 「구주탄생」으로 미루어 짐작하게 해준다.

따라서 환산은 1914년 마산 창신학교 교사로 가기에 앞서

---

39) 김해교회백년사편찬위원회, 『김해교회백년사』(대한예수교장로회 김해교회, 1998), 68쪽 재수록. "한득룡 목사는 전게 보던 세 교회에서도 다시 청원하고 또 김해읍교회과 신동과 방동 세 교회에서도 현득룡 씨를 청원함에 한득룡 씨의 원에 따라 김해지경으로 일보기로 회중이 동의가결하다."–경남노호 제6회 회록. 1913년 9월 6일. 앞서 살펴본 바대로, 방동교회는 1911년 무렵 김해읍교회의 곤리 아래에 있었다. 현재는 방동은 진영읍 방동리다. 장로교우 이윤재가 다녔던 방동교회는 당시에는 가정집에서 시작한 것으로 짐작이 된다. 방동교회 후신은 그 근처에 새로 만들어진 교회로 이전한 상태다.

40) 외솔회, 「환산 이윤재 선생 해적이」, 『나라사랑』 제13집. (외솔회, 1973), 14쪽.

당시 1911년 무렵 김해 방동교회에 교우로서 머물렀음을 확인하게 된다. 근 3년간 머문 셈이다. 김해 방동교회로 가게된 까닭은 지금으로서 알 길 없다. 단지 본적지 밀양을 근거지로 두고, 김해와 마산을 드나듦은 있었음을 짐작하게 한다. 곧 환산 부친 이용준 사망은 1918년이고, 앞서 살펴본 바와 같이 밀양에서 장남으로서 호주를 승계한 점에서 볼 때, 밀양에 가족들은 두고 김해 방동리에 자리한 방동교회를 드나들었다.

앞서 살펴본 바와 같이, 환산의 첫째와 둘째 딸은 제적부에는 어디에서 낳았는지 기록되어 있지 않다. 본적이 같은 까닭에 난 데를 새삼 기록할 필요는 느끼지 못했다. 그래서 셋째 딸 영애와 장남 원갑, 그리고 차남 원주가 낱낱이 마산 상남동과 경기도 팔판동에서 난 것으로 기록되었다. 본건 대, 환산은 부친 이용준이 1918년에 돌아가신 뒤에도 쭉 가족들은 밀양에 살았다고 짐작된다.

1911년 김해군 방동교회에 있을 무렵 환산은 문학 됨됨이와 함께 신앙심 깊음을 「구주탄생」으로 매개된다. 또한 「구주탄생」으로 환산 기독교 장로교에 몸담은 시기는 1911년(23세) 앞뒤로 볼 여지를 마련하게 되었다. 앞으로 풀어낼 과제로 남겨둔다.

펼쳐본 바와 같이 「구주탄생」은 환산의 첫 집필활동을 밝혀준 작품이다. 「구주탄생」은 문학 됨됨이와 밀양과 마산으로 이어지는 3년간의 공백과 환산이 기독교에 몸 의탁 시기에 다가서는 실마리를 제공한다. 곧 「구주탄생」은 1911년부터 1913년까지 환산이 김해 방동교회에서 머물렀고, 당시 그가 독실한 기득교인이었음을 새롭게 확인하는 계기를 마련해 주었다.

5) 마무리

이제껏 글쓴이는 환산의 삶과 관련하여 늘 모자란 부분으로 남겨진 난 데와 가계를 중심으로 논의를 이끌었다. 또한 환산 첫 집필 작품을 발굴하여 안팎을 따졌다. 논의를 줄여 마무리로 삼는다.

첫째, 환산 난 데는 밀양시 내이동 779번지임을 변증하였다. 이때까지 알려진 김해 대성동은 아님을 밝혀낸 셈이다. 김해 논실이 환산 난 데로 오랫동안 알려진 까닭을 조심스럽게 살폈다. 환산의 글과 제적부를 통해서 김해는 난 데가 아니라, 성장한 곳임을 변증하여 바로잡았다. 이로써 환산 난 데는 밀양으로 새롭게 밝혀진 셈이다.

그런데 밀양과 환산 고리는 아직은 미약하다. 그런 만큼 환산과 밀양 고리를 밝혀줄 기초자료 발굴은 먼저 힘써야 할 몫이다. 이를 통해 환산과 밀양은 단단하게 연결될 것이다. 뒤 논의로 남겨둔다.

둘째, 가계를 고증하였다. 환산 가계도에는 죽음과 광복기 좌파로 몰린 동생과 조카들의 월북과 경인전쟁기에 끌려간 뒤 생사를 알 길 없는 가족사 아픔이 아로새겨져 있다. 이처럼 환산 가계는 항일투쟁과 투옥, 나라 사랑, 한글 사랑, 죽음, 가족 해체, 역사의 뒤안길로 내던져진 이유와 맞닿게 해주었다.

셋째, 첫 집필활동 「구주탄생」을 발굴하여 안팎을 따졌다. 「구주탄생」은 밀양과 김해, 그리고 마산으로 드나듦의 고리를 보여주었다. 또한 1911년 앞뒤로 기독교 장로교인 환산의 신앙심을 엿보았다. 덧붙여 환산의 문학 됨됨이를 「구주탄생」으로 살필 기회를 가졌다.

살펴본 바와 같이, 민족, 나라, 한글 사랑과 지키기로 삶을 이어온 환산의 발자취를 더듬다 보면 그 속정이 넓고도 큼을 느낀다. 이 글은 기초적인 접근조차 마련되지 않은 환산 연구의 불모성에서 비롯된 바 크다. 곧 누가 나서지 않아 발 디딘 일임을 굳이 밝혀두는 것도 이 때문이다. 이 일로 온전한 환산 연구로 이어지길 바란다. <2005>

도움글

이윤재 선생 제적등본(밀양시청 소장 제적등본).

------------------(마산시청 소장 제적등본).

------------------(서울 종로구청 소장 제적등본).

「구주탄생」, 『예수교회보』 1912년 12월 24일 자

환산 셋째 따님 이영애와 사위 이혁종 구술 면담 녹취록(2004년 10월
22일, 대구).

환산 조카 이원홍 구술 면담 녹취록(2004년 10월 22일, 대구).

조선총독부재판소, 『재판원본』, 조선총독부재판소, 1938.

계성 90년사 편찬위원회, 『계성 90년사』, 계성중·고등학교, 1997.

김종간 엮음, 『역사 속의 김해인물』, 원컴, 2000.

김해교회백년사 편찬위원회, 『김해교회백년사』, 대한예수교장로회
김해교회, 1998.

대한예수교장로 백년사 편찬위원회, 『대한예수교장로회 택년사』, 대
한예수교장토총회, 1984.

마산문창교회 85년사 편찬위원회, 『마산 문창교회 85년사』, 마산문창
교회, 1986.

문창교회 100년사 편찬위원회, 『문창교회 100년사』, 한국장로교출판
사, 2001.

문화공보실 엮음, 『駕落의 傳統』, 김해시, 1983.

문화공보실 엮음, 『駕落의 傳統』, 김해시, 1987.

박태일, 『경남·부산 지역문학 연구 1』, 청동거울, 2004.

「어둠을 밝힌 사람들」, 『부산일보』, 1983.

송성안, 「자산 안확과 마산」, 『경남의 역사와 사회연구』, 경남대학교
경남지역문제연구원, 2003.

외솔회, 『나라사랑』 제13집, 외솔회, 1973.

외솔회, 『나라사랑』 제42집, 외솔회, 1982.

이윤재, 「大駕洛國古都金海」, 『신동아』 8월호, 1933.
이 인, 『반세기의 증언』, 명지대출판부, 1974.
이병태 엮음, 『金海人物誌』, (사)김해문화원, 1989.
이희승, 「인간 이윤재」, 『기러기』 146호, 1977.
정순기와 여럿 엮음, 『조선어학회와 그 활동』, 한국문화사, 2001.
차재명 엮음, 『朝鮮예수長老會史記』, 조선기독교창문사, 1928.
창신 60년사 편찬위원회, 『창신 60년사』, 창신중·고등학교, 1969.

3

권환의 야간도주와
어린 시절

1) 들머리

이 글은 여태껏 잘 알려지지 않은 권환(1903~1954)의 어린 시절 삶을 살펴보는 일이 목표다. 지금까지 있어 온 권환 문학연구는 어린 시절과 관련된 자료들이 모자라 왜로(倭盧)로의 유학과 그곳에서 학습된 계급적 지향의식에 초점이 맞추어져 진행되었다. 그런 까닭에 어린 시절에 대한 부분을 메꾸지 못하고 청년 시절로 건너뛰는 바람에 그의 문학적 지향의 뿌리를 온전하게 마련하는 데 부족한 나머지 제대로 된 논의에 이르지 못하였다. 권환 문학의 변화과정을 객관적으로 파악하지 못하고 단편적인 논의에 머무는 실정이었다. 이는 권환의 어린 시절 삶을 확인시켜 줄 만한 자료들이 마련되지 못한 데서 비롯된 바 크다.

이런 상황은 권환의 어린 시절 삶을 재구성할 자료발굴과 이미 밝혀진 자료들을 꼼꼼히 읽어내는 작업을 통해서 어느 정도 극복될 것이다. 그런데 권환 문학의 선행연구는 텍스트에 대한 세심한 접근에 이르지 못하여 많은 부분을 놓치는 결과를 낳았다. 그래서 이 작업은 권환의 계급적 지향을 이해하고, 그 뒤의 시적 변화과정을 올바르게 이해하는 데 필요한 방식으로 보인다.

이 글에서는 권환의 삶에 있어 중요한 고리인 경행학교와 야간도주의 풍경을 통해서 어린 시절을 살펴볼 것이다. 또한 이를 검증하는 순서로 이 글은 이루어진다. 어린 시절 삶의 풍경을 재구성하는 과정에서 권환 내면의 양상도 살펴볼 일이다. 이 일로 권환 문학의 총체적 이해로 나아가는 데 작은 보탬이 될 것이다.

2) 권환의 어린 시절

(1) 권오익과 경행재의 배움

권환은 선친 권오봉의 교육활동에 힘입어 진전면 오서리에 세워진 경행학교[1]에서 근대교육을 받았다. 을사늑약(1905)으로 왜로에게 빼앗긴 나라를 되찾기 위해 벌인 의병투쟁은 무장한 왜로 군대에 의해 참담한 패배를 맞는다. 이에 대한 대응방식은 교육운동에 집중되어 나타난다.

---

1) 경행재는 안동 권씨 문중의 재실과 서당으로 사용하기 위해 1867년 3월에 건립된 건물이다. 경행재는 1910년에 쓰임을 사립경행학교로 바뀐 뒤, 왜로 군국주의에 의한 공립보통학교 신설로 1927년 무렵 문을 닫게 된다.

권오봉은 서울의 흥화학교를 졸업한 뒤, 1910년 10월에 근대교육에 뜻을 같이하고 있는 종친들과 경행학교를 함께 세워 초대교장을 맡았던 이였다. 이 경행학교에는 동리 근처의 일가친척의 자녀들로 구성되어 있었다. 서울에서의 근대 체험은 경행학교를 설립하는 데 밑바탕으로 자리 잡았다.

진전면 오서리 안동 권씨 문중은 근대적 교육에 일찍 눈을 떴다. 배달겨레의 주권이 침탈당한 1900년대는 근대제도들이 왜로로부터 수없이 들어온 시기다. 여전히 문중의 논의는 중요한 결정수단으로 자리 잡았던 시기였다. 이 흐름은 진전면 오서리 안동 권씨 문중도 마찬가지였다. 권환과 종질관계에 있는 권오익[2]의 글에서 이는 확인된다.

① 1919년 3.1의거 직후 박사는 청운의 뜻을 품고 중학을 중퇴한 후 당시 조전도대학에 재학 중이던 삼종속(전 동래여고교장)을 따라 멀리 일본 동경으로 유학하였다
-「소파 권오익 박사 연보」[3] 가운데서

② 三日抗爭 直後 너딴에는 큰 뜻을 품고 玄海灘을 건너 설 때에는 가슴이 울렁거렸다. <줄임> 그러나 나의 進路選擇은 從伯兄(今年 八十世로 健在)의 指示로 있었거니와
-「나의 學窓時節」[4] 가운데서

---

2) 권오익(權五翼)은 1905년 창원군 죽곡에서 초산 권영식의 차남으로 태어나, 경행학교에서 배움을 닦았다. 1919년 기미만세의거 직후 중학을 중퇴한 뒤, 왜로의 동경으로 우학길을 떠난다. 그곳의 동경상고·대학에 입학하였다. 1926년에는 월간 〈조선경제신문〉의 창간사를 집필한다. 1927년 대학졸업 뒤, 결혼. 1929년 귀국한 뒤 14년 동안 배재, 보성, 중동학교들에서 교사로 일하였다. 광복기에는 잠시 정치에 참여한다. 성균관대학교 총장을 역임했다.

3) 소파권오익박사환력기념논문집간행회 엮음(1966), 『소파권오익박사환력기념논총』, 소파권오익박사환력기념논문집간행회, 1쪽.

4) 권오익(1965), 『소파·한묵』, 소파권오익박사환력기념논문집간행회, 94~95쪽.

권오익의 현해탄 건너기는 집안의 형님 권영운[5]의 앞선 왜국유학에서 비롯되었다. 바야흐로 오서리 안동 권씨 집안의 젊은 세대들은 근대제도에 편입하는 기회를 집안의 결정으로 빨리 잡게 된다. 권환과 권오익은 두 살 터울이다. 이들은 한동리에 살면서 경행학교를 함께 다녔다.[6] 그런 점에서 권오익은 권환의 어린 시절을 들여다볼 수 있는 몇 안 되는 거울이자 중요한 라이벌인 셈이다.

> ① 科學을 信奉하는 從叔으로서 어찌 그대 앎이 있을 것을 기대하랴마는……
> —「從姪을 哭함」[7] 가운데서

> ② 그들의 大部分은 政經科를 憧憬하였고, 理工係는 賤微한 일꾼, 醫系는 못난 심부름꾼, 文學系는 쥐구멍 후비는 纖細한 장난꾸러기로 烙印을 찍었고, 오직 政經系만이 天下를 料理하고 祖國을 救出하는 것으로 認識하였으며
> —「나의 學窓時節」[8] 가운데서

권환의 1926년 3월 31일 경도제국대학 문학부 독어과 입

---

5) 권영운(權寧運)은 권오익의 삼종숙이다 그는 동래여자중학교를 설립하고, 이 학교 초대 교장으로 12년간 일한 바 있다. 마산으로 돌아와 있다. 1951년 9월 20일에 마산여자중학교(현재 마산여자고등학교) 제2대 교장으로 부임한 뒤, 1954년 3월 11일까지 일한다. 1952년 3월 25일에는 교지 『월영대(月影台)』를 발행해 내기도 한다. 권영운은 1952년 가난과 폐결핵으로 고통받고 있는 권환을 돕기 위해 마산중학교 임시 독어강사로 일할 수 있도록 추천한 사람이었다.

6) 권경완(1928), 「나의 어린 때 기억」, 『신소년』 1928년 4월호. 14쪽. 이 수필에는 "내 친형제 종형제 남매"들과 함께 경행학교에 다녔음을 확인시켜 주고 있다.

7) 권오익, 앞서 든 책, 221쪽.

8) 권오익, 앞서 든 책, 95쪽.

학9)은 종질 권오익에게는 장난스러운 선택에 다름 아니었다. 뒤늦은 나이 23세 때, 대학 문을 두드린 권환의 이 선택은 사려 깊지 못한 행동이었다.

> 오늘 君의 二朞祥에 즈음하여 科學을 信封하는 從叔으로서 어찌 그대 앎이 있는 것을 期待하랴마는 그래도 하늘에 사무친 哀卓의 情을 참지 못하여 한 줄기 향불로서 잠든 魂을 불러 일으켜
> -「從姪을 哭함」10) 가운데서

권환의 카프문예운동에 대해 권오익은 비과학적 행동으로 보는 듯하다. 권오익은 스스로를 "과학을 신봉"하는 사람으로, 권환은 그 반대에 두고 있다. 권환은 생활에서 앎을 훨씬 중요하게 여겼음을 짐작하게 한다. 이는 왜로 군국주의 아래에서 문학을 두고 사회운동으로 이끈 카프활동과 권환 삶의 방향은 한결같았음을 권오익의 글로써 엿보게 된다.

> 뛰놀다가 글 읽는 것도 지금 여러분들과 갓치 一定한 時間을 정해서 얄미운 종소리만 나면 더 뛰여놀고십다가도 敎室안으로 들어가든지 더읽고쓰고 십더래도 先生과갓치 밧그로 안나가던 안되지는 안엇습니다 그때 우리는 참으로 天國에서 뛰놀고 잇는 天使들과 조곰도 다름이 엇섯습니다.
> -「나의 어린때 記憶」11) 가운데서,

---

9) 목진숙(1993), 「권환연구」, 창원대 석사논문, 61쪽.

10) 권오익, 앞서 든 책, 221쪽.

또한 권환은 근대제도에 깊숙이 편입할수록 그 제도의 모순과 문제에 대해 불신하기 시작한다. 권환은 일정한 틀에 묶어 두는 제도를 생리적으로 싫어하였다. 그는 "문명적"이지 못한 방식이라도 "아무 규율과 정칙" 없는 "원시적" 삶을 지향한다. 카프활동을 본격화한 시기에 삶의 지향으로 늘 간직한 것은 '원시'가 주는 자유였다. 아래에 둔 글은 원시적 삶의 형태를 잘 보여준다.

> 그런 동무들과갓치 마음것한 것 장남치고 놀다가 무릇중이아면 또 할버니무릅미테와서 엿댓자되는 글자를 몇번 되푸리해 읽습니다. 그리다가 또 실증이나면 또밧게 나가 뛰고 놀고 그리다가 또 실증이나면 법먹고 잠잘뿐이었습니다.
> ―「나의 어린 때 記憶」12) 가운데서

일곱 살 되던 1909년 무렵 어린 권환은 동리를 놀이터 삼아 개구쟁이처럼 뛰어놀았다. 이 무렵 어린 권환은 경행재와 집에서 한문을 배운 뒤, 이듬해 경행학교의 첫 입학생이 되면서부터 자유로움은 끝을 맺는다.

> 나는 慶南 野村의 固陋한 선비 家庭에서 태어나 글을 始作한 것이 韓日國恥의 四, 五年後이다. 六歲때부터 家庭私

---

11) 권경완(1928), 앞서 든 책, 14쪽.
12) 권경완, 앞서 든 책, 14쪽.

塾에서 뜻도 모르는 漢文을 機械的으로 배우다가 八歲 때
에 所謂 新學問(當時의 新敎育을 말함)으로 轉換하여 낮에
는 小學校 科程을 履修하고 밤에는 漢學을 習得하는 過重
한 負擔이 幼童의 몸을 괴롭게 하였다
-「나의 學窓時節」13) 가운데서

경행학교는 어린 권환에게 근대제도의 작은 부분을 만나
게 해준 장소였다. 낮에는 소학교 과정을 마치고, 밤에는 집
안 사숙에서 한학을 공부하는 이중적 교육체험에 놓여 있는
어린 권환의 마음과 몸은 고달픈 생활의 연속이었다.

當時 私立學校 敎育은 排日思想의 鼓吹와 抗戰意識이 岳
陽에 全力을 다하여 殉國烈士·義士에 대한 火扁동적 講話
와 「幼年必讀」 「越南亡國史」 類의 愛國讀物에 많은 時間
이 割愛되었고, 上級班에는 中國 梁啓超의 「飮氷室文集」
中의 「朝鮮亡國弖略」이 副敎材格으로 登場되었다.
-「나의 學窓時節」14) 가운데서

권환은 경행학교에서 애국 열사와 의사들의 투쟁적 삶의
행적을 배우고 깨쳤다. 권환은 상급반으로 올라가면서 왜로
에 나라가 빼앗긴 이유를 깨닫게 되었을 것이다. 어린 시절부
터 경행학교에서 배운 학생들에게 "골에 깊이 사무칠 정도
로"15) 민족의식은 오랜 세월 큰 영향을 주었다. 경행학교의

---

13) 권오익, 앞서 든 책, 94쪽.
14) 권오익, 앞서 든 책, 94쪽.
15) 권오익, 앞서 든 책, 95쪽.

마당 한가운데 불을 지펴 놓고 불렀던 「감동가」는 당시 권환의 마음속에 자리 잡고 있던 민족의식을 가늠하게 해준다.

> 무쇠(生鐵)骨格 돌(石)筋肉 소년남아야!
> 애국의 정신을 奮發하여라
> 다다랐네 다다랐네
> 우리나라에 소년의 활동시대 다다랐네
> -「나의 學窓時節」16) 가운데서

이 노래에는 신교육을 받은 아동들의 자부심과 열정이 한껏 들어 있다. "소년의 활동시대 다다랐네"는 민족의식으로 뭉친 소년들이 나라 되찾기 주역임을 선언하는 것이다. 경행학교는 민족사상을 심어주었고, 이를 통한 어린 권환의 의식 각성은 이루어졌음을 알게 된다.

(2) 야간도주의 검증과 아버지와 갈등

> 君이 童年에 큰 뜻을 품고 封建家庭의 굳은 門을 뚫고 就學의 길을 찾아 서울로 夜間逃走한 그 壯擧는 君이 새 世紀에 뛰어드는 發軔의 記念塔을 이룬 것이었다.
> -「從姪을 哭함」17) 가운데서

권환의 야간도주는 권오익의 글에서 언급된다. 야간도주는

---

16) 권오익, 앞서 든 책, 95쪽.

17) 권오익, 앞서 든 책, 222쪽.

권환 삶에 있어 중요한 대목인데도 소홀하게 다룬 감이 없지 않다. 권환의 야간도주에 대한 권오익의 언급은 후속 연구자들에게 상징적인 의미로만 받아들여져 논의에서는 벗어나 있었다. 그러나 글쓴이는 야간도주가 사실이었음을 아래의 권환 시를 통해서 변증하게 된다.

<앞줄임>
"문자의 기록이나 머릿속의 기억은 산 그것이 아니오. 그것은 시간과 공간을 초월한 것이니까요. 내가 지금 말한 것은 완전한 시간과 공간으로 구성될 산 과거말이요"
그 말이 끝나기도 전에 느티나무 뒤 등불이 반짝이는 초가집에서 어떤 낡은 학모(學帽)를 귀밑까지 눌러 쓰고 검은 무명 두루막을 입은 소년하나가 창문을 덜컥 열고 뛰어나온다. 그 뒤에 머리털이 희뜩희뜩한 야윈 부인이 소년의 두루막자락을 붙잡고 나오며,
"얘 어미 말을 제발 덕분 어미 말을"
그러나 소년은 들은 척 만 척 부인의 손을 뿌리치고 그냥 나온다. 그 소년의 눈에는 물방울이 줄줄 흘러나온다.
"얘 제발 덕분 넌 효자 아니냐. 착한 아이 아니냐" 그는 애걸하는 듯이 다시 소년의 두루막을 잡는다. 그러나 소년은 악을 써 어머니의 손을 뿌리치고 마루에서 뜰로 쏜살같이 뛰어내려 온다. 모친은 따라 뜰에 뛰어내려 소년의 팔목을 잡고,
"얘 밤이 깊구나 넌 효자지 착한 소년이지 가면 캄캄한 이 밤에 어디로 가려구 하니?"
소년은 그래도 아구말 없이 사립문을 발길로 차고 나온다. 밤은 바다속처럼 검다. 센바람 물결이 우르르친다.
그때였다. 나는 그것을 볼 때 그들의 사정과 이유를 물을 여유도 없이 어머니의 자애에 너무도 냉정한 그 소년에

대한 얄미움을 견디지 못하였다. 나는 북 솟아나오는 의
문을 참지 못해 차에서 뛰어내려 소년의 앞을 막아섰다.
그리고 그 소년의 멱살을 꽉 잡으니 당돌하게도 그 소년
역시 내 멱살을 잡는다.
"왜 이래 당신은 누구냐!"하며 나를 부릅뜨고 노려보는 그
의 두눈에는 불꽃의 형광(炯光)이 쏟아져 나온다. 사나운
범같은 눈이었다.
그러나 나는 놀라서 너무도 놀라서 나도 모르게 뒤로 자
빠질 듯 물러서지 않을 수 없었다. 나는 부릅뜨고 노려보
는 그 학모(學帽)의 소년이 바로 '내'인 것을 안 순간에,
나는 두 눈을 번쩍 떴다.
호수같이 정적한 겨울밤에 녹쓴 좌종(坐鐘)은 그냥 재깍
한다.

-「시계」[18] 가운데서

이 시에서는 1919년 3월 무렵 어머니께는 "착한 소년"이자
"효자" 권환이 "두루막자락을 붙잡고" 나온 어머니의 간절한
부탁을 뿌리친 채 눈물을 흐리며 "바다 속처럼 검"은 밤에 집
을 나선 어린 권환의 야간도주 풍경이 고스란히 드러나 있다.
당시 야간도주의 명분은 '큰 뜻'을 서울 가서 배움의 길로 펼
치는 것이었다. 봉건 가정의 착한 아이 권환은 '큰 뜻'을 펼치
기 위해서 어머니와의 결별마저도 하지 않으면 안 될 굳건한
결심을 갖고 있었다. 어머니의 애원을 뿌리쳐 가며 야간도주
로 이끈 그 '큰 뜻'은 일본으로 건너가 경도제국대학을 졸업
한 뒤 1930년 『신소년』에 실린 「소년에 대한 바람」에서 찾게

---

18) 권환(1943), 『자화상』, 조선출판사.

된다. 이 글에서 "무엇이든지 내 눈 아래로 두고 올흔맘과 바른 길로만 나다가면 이 세상에 무엇이든지 두려울 것이 업고 못할 일이 업슬 것"임을 권환은 소년들에게 당부한다. 이처럼 권환의 야간도주에는 '올바른 마음'에서 비롯된 '바른길'이기에 주저함이 없었다. 현실을 두려움 없이 박차고 나간 권환의 선택은 야간도주의 방식으로 드러난 것이다. 그는 야간도주 뒤 곧장 서울로 올라가 중동학교[19]에 몸을 맡긴다.

권환의 야간도주는 아버지와의 갈등이 중심에 놓인다. 어수선한 시대현실에서 맏이의 고향 떠나보내기는 어려운 상황을 만들 것으로 보았다. 이런 걱정 탓에 권환의 다른 지역 상급학교로의 진학은 흔들었다. 이와 더불어 권환의 불만은 커졌고, 결국은 "봉건 가정의 굳은 문"을 박차고 야간에 오서리 집을 나서게 되었다. 야간도주의 또 다른 이유는 1919년 3월에 일어난 만세의거 소용돌이 가운데서 아버지의 진전면장으로 일한 것도 놓인다. 당시 고현·삼진 만세의거는 이 지역의 안동 권씨 문중이 주축이 되어 일어났다. 권영대, 백당 권영조 들은 직접 시위에 참여한 반면 권오봉은 면장으로서 시위에 참여한 부상자들의 간호에 힘을 쏟는 데 그쳤다. 왜로 군

---

19) 글쓴이는 『사립휘문고등보통학교 생도학적부』(1922년)에 이름을 올리고 있는 권환의 학적상황을 확인하였다. 이 자료로 권환의 사립휘문고등보통학교 입학과 그 시기에 대한 언급은 잘못이었음을 확인하게 된다. 학적부에는 권환의 사립휘문고등보통학교 3학년에 편입한 사실과 그 시기는 922년으로 기재되어 있다. 그리고 '입학 전 학력'에는 "중동학교 중등과 졸업"으로 기록되어 있어, 그의 야간도주 뒤 곧장 중동학교에 입학한 사실을 서롭게 확인하였다.

국주의 행정조직 하부에 속하는 면장직책은 의거에 직접 참여하는 일에는 주저하게 했다. 반제의식으로 가득 찬 권환에게 아버지의 이런 주변 상황은 이해하기 힘들었다. 대대로 넉넉한 가정형편과 문중의 집안교육을 받은 그의 야간도주는 기미만세의거 당시 아버지의 주변 상황에 대한 못마땅함에서 비롯되어 나타난 것으로 보인다.

그런데 야간도주할 때 권환의 마음은 괴로움 그 자체였음을 「시계」에서 또렷하게 확인하게 된다. 어머니에게는 큰 충격으로 받아들여졌을 것은 뻔한 일이기 때문이다. 이 선택은 그 역시 그리 쉽지 않았다. 이 일은 권환에게 어두운 그림자로 내내 남게 된다.

권환은 서울 중동학교를 졸업한 뒤, 1922년 4월 사립휘문고등보통학교의 3학년으로 편입[20]하게 된다. 이 무렵은 야간도주 뒤 갈등을 빚었던 아버지와 화해가 모색되었을 것으로 짐작된다.[21] 1919년 야간도주로 시작되는 권환의 험난한 선택은 아버지에게는 불안함 그 자체로 다가왔을 것이다. 이처럼 야간도주는 아버지와의 갈등으로 빚어진 풍경임을 짐작하게 된다.

---

20) 권환은 1923년 4월 1일에 작성된 『사립휘문고등보통학교 제4학년 수료생 학적부』에 올라와 있다. 1923년 졸업한 이들은 10명에 불과하며, 수료자는 권환을 포함하여 모두 6명이다. 이들은 사립휘문고등보통학교 제5회 졸업생들이다. 1923년에는 학교명과 학제를 휘문고등보통학교와 5년제로 변경하고 있다. 1923년 휘문고등보통학교 이름으로 나간 첫 졸업생은 죄 52명이다. 〈휘문교우회(1986), 『동견록』, 고성문화인쇄주식회사, 59~61쪽〉

21) 현재 서울에서의 권환 삶을 살펴볼 기초자료는 아직 없는 상황에서 사립휘문고등보통학교의 편입과 1925년 수료에 대한 사실확인은 권환 삶의 한 부분을 채울 수 있는 매개로 삼을만하다.

3) 마무리

  이 글은 지금까지 알려지지 않은 권환의 어린 시절을 살펴보는 데 목표로 삼았다. 이를 위해 경행학교와 권으익, 그리고 야간도주와 서울 중동학교, 휘문고보, 그리고 아버지를 대상으로 삼아 권환의 어린 시절 삶을 재구성하였다. 논의를 줄여 마무리로 삼는다.

  권환은 어린 시절 경행학교에서 배운 민족의식과 반제의식으로 충만해 있었다. 그리고 권환의 삶에 있어서 중요한 매개 고리로 자리 잡은 야간도주는 사실이었음을 변증하였다. 이 글은 야간도주 뒤 서울 중동학교에 몸을 맡겼음도 확인하여 밝혀두었다. 아울러 휘문고보는 1922년에 3학년으로 편입하였고, 1925년에 수료하였음도 학적부를 통해서 새롭게 마련하였다. 특히 야간도주는 아버지와의 갈등에서 비롯된 것임을 밝혔다.

  이 글은 권환 문학연구를 깊게 마련하는 데 도움이 될 전기적 자료들을 찾아 이를 확인하는 데 목표로 두었기 때문에 문학연구로 연결되지 못한 점은 아쉬움으로 남는다. 뒤이은 과제로 남겨 둔다. <2003>

도움글

〈자료〉

권환(1943), 『자화상』, 조선출판사.
『사립휘문고등보통학교 생도학적부』(1922).
『사립휘문고보학적부 제4학년 수료생 학적부』(1925).
『신소년』 1928년 6월호 6권 4호.
『신소년』 1930년 1월호 8권 1호.

〈국내논저〉

1. 낱책

권오익(1965), 『소파한묵』, 소파권오익박사환력기념논총간행회.
소파권오익박사환력기념논문집간행회 엮음(1966), 『소파권오익박사
        환력기념논총』, 소파권오익박사환력기념논문집간행회.
휘문 70년사 편찬위원회(1976), 『휘문 70년사』, 대한교과서주식회사.
휘문교우회(1986), 『동견록』, 고성문화인쇄주식회사.
이동순·황선열(1998), 『깜박 잊어버린 그 이름』, 솔출판사.
황선열(2003), 『권환전집 아름다운 평등』, 전망.

2. 낱글

권은경(1990), 「권환 시 연구」, 경남대 교육대학원 석사논문.
목진숙(1993), 「권환 연구」, 창원대 석사논문.
곽은희(1998), 「권환 시 연구」, 영남대 석사논문.
황 현(1999), 「순결한 민족시인 권환」, 『신생』 겨울호.
이장열(1999), 「다시 불러보는 그 시인-『권환시전집』」, 『지역문학연구』
        봄호.
이장열(2000), 「권환연구의 놓인 자리와 연구방향」, 『경남어문논집』
        제11집.

4

권환의 이명(異名)과
「아즈매의 死」 변증

1) 들머리

권환(1903~1954)은 한국 근대 계급문학을 대표하는 문인으로 이즈음 새롭게 조명을 받았다. 작년 2003년은 탄생 100주년을 맞이한 이은상, 양주동과 더불어 권환 또한 한쪽 자리에 있음을 올렸다. 제대로 된 평가를 받지도 못한 채다. 그리고 일 년이 지났다. 곧 한국 근대문학사의 평가에서는 여전히 권환은 인색한 형국이다. 접근방식에 혁신이 필요한 시기이다.

그 까닭은 문학 그 자체에만 국한시켜 문학 가치와 평가 잣대를 들이대는 시선 탓이다. 그래서 문학 시야를 넓혀야 할 자리에 권환과 권환 문학은 첫머리에 놓인다. 많은 연구자들의 발품을 필요로 하는 자리에 놓여 있음에 다름 아니다.

이런 가운데 권환의 아동문학작품이 새롭게 발굴되어 학계에 보고되었다.[1] 연구 확대의 발판을 마련한 셈이다. 기존의 권환 문학 연구의 궁색함에서 벗어나기 시작한 첫걸음이다. 이처럼 권환 연구가 그런 옹색함에서 오랫동안 벗어나지 못하는 까닭은 권환 문학의 첫걸음에 대한 명확한 설명과 해

---

1) 이장열(2003), 「권환의 아동문학 작품 발굴」, 『시와비평』 제6호.

명이 없는 가운데 이어진 결과물 탓이다. 권환의 초기 문학에 대한 구체적인 상황을 파악하여, 그 이후 전개되는 권환 문학의 흐름들을 온전하게 짚어내지 못하는 결과로 이어졌다.

이런 가운데 글쓴이는 권환이 이명으로 발표한 작품을 발견하여, 이를 그의 등단작품으로 새롭게 확정하고자 한다. 여태껏 권환의 이명은 여럿 발견되었다. 경완, KO생, 권생들이 그것이다. 이명 사용은 자신의 이름으로 발표하기에는 난처하거나 어려운 처지에 놓여 있을 때 문인들의 주로 쓰는 대응이다. 뿐만 아니라 자신의 의지를 더욱 단단하게 만들 목적으로 자의식 팽창의 한 터무니로서 쓰이기도 한 것이 사실이다.

이 글의 목표는 권환의 다른 이명을 발견하고, 이를 권환임을 변증하는 것이다. 작품 안팎의 상황을 살펴 권환의 작품임을 확정하기 위해 두 가지 점에서 목표로 나아갈 것이다. 아울러 이 글에서는 권환의 등단작품이라고 볼 수 있는 텍스트를 두고 이를 변증하여 놓아두고자 한다. 곧 텍스트를 통해서 권환 문학의 출발점에 대한 명확한 해명으로 나아가고자 함도 밝혀둔다. 이로써 권환의 첫 공식 등단작품을 새롭게 발견하고 확정함으로써 권환 문학 연구의 첫 기점을 찾아낸다는 의의가 있다. 곧 카프의 대표 문인 권환이 다른 이름으로 작품을 써낸 사실을 확인함으로써, 이에 따라 발표된 새로운 자료들을 학계에 드러내어 그의 첫 공식 등단 추천작을 변증하는 것을 이 글의 목표로 삼는다.

2) 이명 원소(元素)와 『조선문단』

　지금까지 권환은 이미 알려진 시, 소설, 희곡, 문학비평 등에 본디 이름 권경완으로 작품을 발표하는 일은 극히 이례적이고 드문 일이었다.[2] 본디 이름 권경완으로 문학작품에 명기한 경우는 1925년에 발표한 아동문학 갈래에만 있을 뿐이다. 권환이 아동문학 작품에 본디 이름 권경완을 사용한 까닭은 숨김이 없어야 한다는 아동문학의 작가 의식이 반영되었기 때문이다. 또한 아동문학 작품에는 현실에 적극 비판하는 것이 올바른 접근이 아니라는 점에서 본디 이름을 그대로 명기한 것으로 여겨진다.

　권환이 문학활동에서 사용한 여러 이명들은 원소(元素), 권원소(權元素), KO生, 경원(景元), 권생(權生), 경완(景完), 권윤환(權允煥) 들이 우선 확인된다. 문학활동으로 굳어진 대표적인 이명은 권환(權煥)이다. 이는 1929년 카프 동경지부에서 발행하는 『무산자』 제6호에 「이꼴이 되다니」를 발표하면서 처음 사용한 이명이다. 불꽃 환(煥)을 자신의 필명으로 사용한 까닭은 분명하다. 곧 자신이 조선에 혁명의 불꽃으로 타오르겠다는 의지 표출이 권환 이명으로 드러난 것이다. 권환은 1929년 이후 발표된 문학 작품과 세 시집[3]의 저자명에서도 사용

된 것에서 알 수 있듯이, 중요한 이명(異名)이다.

그런 가운데서도 권환은 일신상의 변화가 있을 경우에 권환 대신 이명(異名) KO生을 사용하기도 한다. KO生이라는 이명은 카프 해산과 그 뒤 사상전향자조직 "태화숙" 소속으로 김해에 위치한 박간농장에서 농잠원으로 3년간 일한 뒤 임화의 권유로 다시 서울로 올라간 1939년 『조선문학』 4월호에 「評壇志士의 望斷」이라는 글에 사용한다. 그다음으로 경인전쟁기 1952년 『學徒』 제3호 「학교순례기」를 쓰면서 이명 KO生을 사용한 바 있다.

이처럼 권환이라는 이명으로 글을 발표하기에는 이 시기들은 적당하지 않다는 나름의 판단에서 나온 고육지책인 셈이다. 먼저 몇 년 동안 서울 문단에서 떨어져 나와 김해에서 3년 동안 은둔생활로 이어진 상황 속에선 널리 알려진 이명 권환으로 느닷없이 글을 발표하는 것은 심적 부담으로 다가왔을 것이다.

또한 1952년 『學徒』 제3호에 글을 실은 권환은 당시 집안 형님뻘인 권영운이 마산여자중학교 제2대 교장으로 재직하고 있는 덕분에, 그 역시 인근 마산중학교(현재 마산고등학교)에 임시 독일어 강사로 몸을 담고 있었던 때이다. 권환이 마지막 공식적인 글이 「학교순례기」인 셈인데, 국방부 지원

---

3) 『自畵像』(1943), 『倫理』(1944), 『凍結』(1946).

으로 학도호국단에서 만들어낸 『學徒』에 광복기 조선문학가
동맹 제2대 서기장으로 역임할 때 사용한 이명 권환을 그대
로 사용하는 것은 시기적으로나 정치적으로나 가능한 일이
아니었다. 특히 폐결핵과 가난으로 힘든 생활을 한 권환에게
호구지책으로 마산중학교 임시강사 자리를 힘들게 만들어 준
권영운의 입장을 고려하여 이명 KO生을 사용한 셈이다. 그런
점에서 마산여자중학고 교장으로 있던 권영운의 부탁으로 부
산에서 발행된 『學徒』 학도호국단 잡지에 글이 실리게 된다.

　이처럼 이명 쓰임은 권환의 삶과 시대적 상황에 따라서 의
도적으로 개입되어 드러난다는 점에서 이명에 대한 구체적인
접근이 필요한 것이다. 단적으로 권환은 문학적 허명과 표내
기 차원에서가 아니라, 현실 문제를 깊게 짚어내는 고민과 판
단에서 이명 만들기와 그 사용이 고려되었음 직하다. 이는 이
명 권환 사용에서 확인하게 된다. 불꽃 환(煥)이라는 것을 사
용한 시기는 1929년이다. 카프 동경지부에서 만들어내고 있
었던 무산자 제6월호 시 「이꼴이 되다니」를 발표하면서다.
이때 권영운은 일본 경도제국대학(京都帝國大學)을 졸업하고
곧장 카프 동경지부에 가입하면서 그의 이명으로 권환 사용
이 시작되었다. 그가 권환 이명을 사용한 것은 조선을 위해
불꽃으로 자신을 불태우겠다는 확고한 의지에서 이루어진 것
에서 이를 확인하게 된다.

이처럼 이명 사용은 식민지 지식인들 사이에서 널리 사용된 삶의 한 방식이었다.[4] 그대로 드러내는 방식으로 본디 이름을 지면에 밝히는 일 자체가 식민지 지배 아래에 놓인 사람들에게 마음 편치 않은 것이다. 또한 문학적 명성에 기대어 문학 권력을 형성하는 일이 엄두도 못 낼 시기라는 점에서 특히 이명 사용은 많아졌을 것이다. 1920년대 이후 나온 문학 잡지에 이명들이 숱하게 많은 것은 이 때문임을 지적할 수 있을 것이다.

이런 가운데 권환 문학 가운데 소설 작품들에 집중 사용된 이명은 전혀 알려지지 않고 있다가, 최근 논의에서 새롭게 알려졌다.[5] 원소(元素)[6]와 權元素[7]가 권환의 이명 가운데 하나들로 밝혀졌다. 1927년 집중된 이 두 편의 소설은 권환이 일본 경도제국대학 재학 중에 창작된 것들이다. 작품 끝에 '경도하합에서'라는 장소가 구체적으로 기록되어 있다는 점과 작품 주제, 등장인물의 성격과 말투, 폐가 나쁜 병력 등에서 그의 소설작품임을 새롭게 확인한 바 있다.[8]

이에 앞서 1924년 <조선문단> 12월호에는 원소라는 작가의 <아즈매의 死> 입선소설이 발견되었다. 이와 함께 <조선

---

4) 유병석(1974), 「한국문사의 이명 연구」, 『문학사상』 3월~11월호.

5) 이장열(2003), 「권환 문학 연구」, 경남대 박사학위논문.

6) 원소(1927), 「썩어가는 안해-감방내의 환몽」, 『조선지광』 7월호, 조선지광사.

7) 권원소(1927), 「자선당의 불」, 『조선지광』 12월호, 조선지광사.

8) 이장열(2003), 앞선 글, 경남대 박사학위논문.

문단> 12월호에는 추천소설 한 편과 또 다른 한 편의 입선소설이 나란히 놓여 있음을 확인하게 된다. 채만식의 <세길로>가 전자이고, 흐자가 이순영의 <日曜日>이다.

글쓴이가 앞서 언급한 것과 마찬가지로 권환의 다른 이명 가운데 소설작품에는 이미 1927년에 주로 사용한 원소, 권원소가 놓여 있었다. 그런 점에서 이 작품을 권환의 작품으로 단박에 확정할 수도 있을 것이다. 그러나 짚어야 할 사항들이 없지는 않다.

곧 1924년 <조선문단> 12월호에 춘원 이광수의 추천으로 입선된 원소라는 작가가 권환임을 변증하는 일은 여러 논의를 거쳐야 가능한 일이다. 그 까닭은 당시 많은 이들이 이명 사용에 익숙한 상태라 혹 다른 이일 수 있다는 가능성 때문이다.

또한 지금까지 논의된 권환 문학 연구에서 등단작품은 아직 밝혀내지 못했던 상황인지라 더욱 조심스러운 접근이 필요하다. 지금까지 연구된 결과로는 1925년 <신소년> 7월호부터 3회에 걸쳐 연재된 소년소설 <아버지>가 권환의 첫 공식작품으로 알려져 왔던 탓도 등단작 확정에 다가서는 일을 어렵게 한다.

그런 점에서 <조선문단>에 입선 발표된 소설 『아즈매의 사』가 권환 작품으로 변증하는 일은 권환 문학 연구에서 새로운 디딤돌을 마련하는 일이 될 것이다. 『아즈매의 사』가 수록된 <조선문단>은 1924년 10월에 창간되어 통권 26호로서 1935년 12월에 종간된 문예월간잡지다. <조선문단> 본지는 경영자에 따라 3기로 나누어 볼 수 있는데, 이는 경영자에 따라 편집경향이 다소 차이가 드러나기 때문이다. 1기는 춘원 이광수가 주재하에 방인근이 경영을 맡아 통권 1호부터 통권 17호까지 발행하였고(1924년 10월부터 1926년 6월까지), 2기는 남진우의 경영하에 통권 18호부터 통권 20호까지 나왔다 (1927년 1월부터 1927년 3월까지). 3기는 이학근이 재창간하여 통권 21호부터 26호까지 발행(1935년 2월부터 1936년 1월까지)하였다.9)

　　<조선문단>의 문학제도사적 의의는 춘원 이광수의 주재 아래에 창간호부터 문인(현상)추천제를 통해 신인들을 발굴하는 근대 문학제도를 처음 도입한 문예잡지라는 점에서 찾을 수 있다. 이 잡지를 통해서 문단에 이름을 올린 이들 가운데에는 1924년 <조선문단> 11월호에 시작품을 싣고 있는 마산 출신 문인 이은상도 들어 있다.

　　이처럼 <조선문단>의 창간으로 젊은 작가들의 중요한 등용문으로서 자리매김하게 된다. 전국 각지에서 많은 투고들이 이루어졌음을 발행부수에서 확인하게 된다. 1924년 10월

---

9) 김선혜(1987), 「〈조선문단〉 추천 소설고」, 동아대 교육대 석사논문, 1쪽.

에 제1호를 발행한 <조선문단>은 발행부수가 당시르써는 많은 천오백 부, 2호 때부터는 이천 부를 발행할 정도르 인기를 누리고 있었다.[10] 당시로서는 많은 부수 발행으로 알 수 있듯이 <조선문단>에 대한 호응 정도가 컸음을 짐작하게 한다.

이처럼 호응이 컸던 <조선문단>의 지향점은 아래에 둔 춘원 이광수의 권두사로 이해될 일이다.

> "사람은 하나가되어야하겠다. 언제까지나 이러케 서로 미워하고 서로 다를수는넙는 것이아닌가. 만일 영원히 이러할것이라하면 사람들아 우리하나되어서 이 세게를 쎄트려버리지아니하랴느냐. 아아 세게는 괴롭다.
> 우리는 쌍우헤 처국이 오게하는 길이 사랑인줄을안다. 모든 사람들이 다각기 제「권리」를 주장하기를 버리고 오직 어머니가 그아들쌀에게 대하는듯한「사랑의 의무」를 잡을째에 사람들은 진실로 형제가되고 자매가 되어 서로 귀애주고 서로 붓들어주고 서로 안아주게될 것이다.
> 우리는 참된 종교와 참된 과학으로 더부러 참된 예술이 사람의 동물성(動物性)을변하여 사랑의「사람」으로 화하는 새 천사인 것을 밋는다. 그들은 인제야 하늘 한푼이 열리며 가비어운갈과 눈물 머금은 눈으로 피흐르는 쌍우헤 나려왔다 인제부터 예술은 배부리고 한가한 계급의 소일ㅅ거리도 아니오 청년 남녀의 하옴업는 공상의 량식도아니오 이상하고 신긔한 것을 조와하느자들의 작난ㅅ감도 아니다. 인제부터 예술은 몸에 눈보다도 더힌 제복을 닙고손에 하늘에 오르는 향로를 들고 그리고도 사람의 아들

---

10) 편집부(1924), 편집후에, 조선문단 12월호, 81쪽. "둘째호는 창간호보다 더 나가는 모양입니다. 일주일래에 이천 부가 나갔습니다. 오늘이 11월 7일인데요 또 제판을 하게 될는지 모르겠습니다. 각 지방에서도 독자가 느려가고 지분사 청원도 만히 드러오는 것을 보니 아마 잘 될 모양입니다.'

과 딸들의 싸늘한령혼에 하늘ㅅ불을 부치는엄숙하고도
정다은 녀신(女神)이라한다.
「인생을 위한 예술」, 「거룩한 사랑한 예술」 우리는 오직
이것을 밋고 이것만을 밋는다. 지극히 슬픈 처지에 잇서
지극히 쓰거운피와 눈물을 가진 우리조선이어린 아들과
딸들을 반드시이소리를 들을줄밋는다."[11]

권두사에서 춘원은 문학이 나아갈 방향을 제시하고 있다.
거룩한 사랑의 예술을 강조한 대목에서는 당시 유행병처럼
번지는 사랑이라는 코드를 춘원은 문학적 원동력으로 삼았다
는 것을 알 수 있다. 암담한 겨레의 현실 속에서 조선의 아들
과 딸들이 사랑이라는 코드로서 이를 극복하고자 하는 의도
로 『조선문단』의 창간은 이루어진다. 또한 1920년대 중반부
터 『개벽』은 경향문학으로 방향을 잡아나가는 흐름 속에서
이에 대항하는 문학적 접근이 필요한 시점이라는 상황 인식
속에서 『조선문단』은 이광수의 적극적인 노력으로 발행될
수 있었다.

『조선문단』에 원소라는 작가가 소설작품을 투고한 까닭에
는 문학적 상징으로 자리 잡고 있던 춘원 이광수가 주재한다
는 의미에서부터, 그리고 발행부수에서 알 수 있듯이 많은 관
심을 모으고 있었던 잡지 성격, 또한 문학 등단추천제가 최초
로 마련된 여러 상황이 작용하였기 때문에 비롯된 일이다. 곧

---

11) 이광수(1924), 「권두사」, 『조선문단』 10월호, 1쪽, 조선문단사.

원소 이명으로 <조선문단>에 소설투고는 권환의 문학에 대한 관심이 지대함을 토여주는 본보기로 자리 잡는다.

뿐만 아니라, 권환은 다른 이명 원소 사용에서 글쓴이는 산형고교에 다니고 있었던 그의 안쪽 마음에 다가설 수 있다. 그에게 이명은 앞서 살펴본 바와 같이, 삶의 중요한 계기와 상황 속에서 다양하게 드러남을 잠시 살펴보았다. 곧 스스로 으뜸으로 자리 잡겠다는 젊은 작가의 호기로운 의지력을 고스란히 담아낸 이명이 원소인 셈이다. 이처럼 원소라는 이명으로 소설작품을 투고한 것에는 일본 산형고교 시절, 나라가 빼앗긴 상황을 타개할 으뜸으로서 자신이 자리 잡겠다는 뜻을 드러낸 것이다.

3) 「아즈매의 死」 변증

앞서 글쓴이는 元素가 권환이 사용한 여러 이명 가운데 처음 사용한 것임을 새롭게 밝혔다. 이를 뒷받침할 작품 안팎의 증거를 찾아, 권환 작품으로서 「아즈매의 死」가 놓임을 밝혀내는 것이 필요한 일일 것이다. 이를 위해 「아즈개의 死」 작품 안팎 증거를 찾아내어 권환의 작품임을 변증하고자 한다.

「아즈매의 死」에서 사용된 언어는 경상도 지역어다. 경상도 지역에서 태어나 자라난 사람이 아니면 사용할 수 없는 언어들이 작품 곳곳에 등장하고 있다. 특히 제목에 쓰인 "아즈매"는 경상도 지역어로서 흔히 지역민들이 통상적으로 부녀자들을 부를 때 사용하는 용어다. 원소(元素) 작가는 경상도 지역에서 태어나고 자라난 사람으로 볼 수 있는 대목이다. 제목에서 작가의 지역성을 엿보게 한다는 뜻이다. 그런 점에서 「아즈매의 死」 작가 원소는 다름 아닌 경상 지역 사람으로 귀결시키는 까닭이다. 터무니가 된다.

경상도 지역어를 사용하고 있는 「아즈매의 死」 등장인물들은 일본으로 건너간 노동자들이다. 이 작품에 등장하는 노동자들 대부분은 경상도에서 현해탄을 건너 일본으로 돈 벌러 온 사람들이다, 그래서 그들의 대화에는 대부분 경상도 지역어가 사용되고 있는 것이다. 아래에 그 예를 놓아둔다.

> 머할나고요 이냥반이나 딜이제
> 머하려고앗습니까? 돈버리도 아니된대로로동할라고요?
> 아즈매, 인자오요?

이런 말투는 경상도 지역에서 태어나 살지 않으면 자연스럽게 나올 수 없다. 원소는 경상지역의 사람임을 확신하게 된다. 특히 이 작품에서 중요한 인물로 등장하는 아즈매의 출신 지역이 경상지역 동래군으로 설정한 것에서도 작가 원소를 권환으로 보거 하는 까닭으로 자리 잡는다.

> "그녀자는 동래군(東來郡)어느촌에서사는 극반한집에며나
> 리(媳)로 자긔남편은 삼사년전부터 일본에돌아다녀 주소
> 와소식도 무상(無常)한사람이다."

덧붙여서 「아즈매의 死」가 권환의 작품임을 보여주는 작품
바깥의 증거토서 으뜸이 되는 것은 소설의 배경이 일본 지역
인 것과 그 속에서 비참한 생활을 하는 조선인들을 묘사하고
있다는 사실이다. 주인공 경열이 제국대학생이라는 점이 「아
즈매의 死」가 권환의 작품임을 예증하는 또 하나의 증거이다.

이처럼 「아즈매의 死」는 1924년 12월호에 『조선문단』에 실
렸다. 1924년은 권환이 서울 휘문고보를 수료한 뒤, 일본 산
형(山形)고등학교어서 1학년으로 재학 중인 시기이다. 권환은
휘문고보에서 1924년 3월에 정식 5년 졸업 연안을 1년 남겨
두고, 곧장 수료로 마무리한다. 이는 제국대학교 입학을 미리
염두하고, 일본 정규교육기관에서 대학입학 자격을 얻기 위
한 방식으로써 일본의 야마카타에 위치한 정규 산형고등학교
에 입학할 목표로 인해 수료상태로 머문 것이다. 당시 산형고
등학교에는 닳은 조선인 유학생들이 제국대학교 입학을 위해
현해탄을 건너왔었다. 이 학교 졸업생들이 다른 학교 출신보
다 많이 일본 경드제국대학교에 입학한 것에서 확인된다.[12]

1924년에 권환이 일본 산형고등학교에서 수학하고 있었다
는 점과 이 소설의 배경이 일본 동경 근처 조선동포들이 모
여 사는 노동자의 거주지라는 점도 「아즈매의 死」가 권환의
작품임을 보여주는 한 증거로 자리 잡는다. 그런 점에서 「아
즈매의 死」의 배경으로 재일조선인들이 사는 일본 본토를 설
정한 것은 현장성을 철저하게 담아내는 데 노력한 권환 문학
에 비추어 보면 당연한 귀결인 셈이다.

4) 「아즈매의 死」의 주제

「아즈매의 死」는 나라 잃은 시기에 먹고 살기 힘든 조선민
중들이 현해탄을 건너 일본으로 돈을 벌러 간 상황을 설정하
고 있다. 열악한 주거환경에 놓인 극빈한 조선인들의 비참한
생활을 제국대생 경열의 눈으로 본대로 사실성 있게 묘사한
작품이다.

춘원 이광수가 원소의 「아즈매의 死」에 대해서 '小說選後
感'에서 권환 문학이 나아간 방향을 정확하게 짚어내고 있다.
곧 권환의 「아즈매의 死」에서 드러내고 있는 주제로서는 춘
원이 권두사에서 밝혀 놓은 문학의 길, 곧 추상화된 문학과는

---

12) 경도제국대학조선유학회동창회(1936), 『경도제국대학조산유학생동창회보』, 83쪽.

다른 편에 서 있다고 볼 수 있다. 권환에게 있어 문학이란 구체적인 현실을 보여주는 것이고, 더 나아가 이 현실을 변화시키는 것이 당대 문학의 몫으로 일찌감치 생각한 것이다.

이처럼 권환과 다른 방향에 놓여 있었던 춘원 이광수가 권환을 추천한 것은 아래의 언급처럼 고통받는 조선민중을 너무나 사랑하는 마음이 밑바탕에 놓여 있었기 때문이라고 밝혔다. 춘원 이광수다운 선택인 셈이다. 원소의 소설기법이 미숙한 것이기는 하나, 작가의 조선민중에 대한 따뜻한 시선과 사랑이 이를 능히 극복하고도 남음이 있다고 춘원 이광수는 이미 간파한 것이다. 아래에 둔 춘원의 글이 이를 보여준다.

> 元素군의 「아즈매의 死」난 나는 눈물을 안이흘리고는 닑을수가업섯다 나는 우리 백성의 불상한 생활의 한조각을 눈압헤 노코 토게된 까닭이다 작가의 그리는 솜씨는 아직 닉숙하지못하나 그의 쓰거운 동정과 정성과 참되려하는 애씀이 디 익슥지못한 흠을 감초와버리고도 남앗다 사람에게 대한 쓰거운 동정 그것을 말하려하는 정성 참되려하는 에씀 이것은 예술가의 생명이다. 나는 작가가 이 작품을 쓸째에 피를 쏟어가면 쓴 것을 밋는다.[13]

이처럼 춘원 이광수는 당시 조선민중이 일본에 건너가 고통스러운 생활을 작가 원소가 직접 목격하고 쓴 것으로 보고 있다. 그 뒤에 이어지는 권환 문학 작품이 현장성을 중심에

---

13) 이광수(1924), 「소설선후감」, 『조선문단』 12월호, 78~79쪽.

두고 있다는 것과 잇닿아 있다. 1931년에 발표된 소설 「木花와 콩」은 권환의 향리 진전면 오서리를 배경으로 삼아 그 속에서 발생한 쟁의를 현장성에 기대어 창작한 점에서 이를 확인하게 된다. 권환의 「木花와 콩」을 당시 박승극은 "현장소설"로서 그 의미를 부여한 바 있는 점도 이를 뒷받침해준다.[14]

「아즈매의 死」는 식민지 여성의 이중적 모순을 고발한다. 남성들에 의해 자행되는 반윤리적인 악마적인 행동을 고발하고 있는 점이 특이하다.

> "것방으로 들어가는그녀자의눈에는 과연눈물의흔적이 해빛본이슬방올갓치 남어잇다 여러사람의시선은 쏘 그곳으로 모운다. 그광경을본경일은부지중 가슴이 찌른드시알닌다 아아저불상하녀자!이런생활에달(甘)어서 먼 현해탄(玄海灘)을건너예까지 왓는가보다고 하엿다 생각할사록 그녀자의 칙은(測隱)함과 그자들의 증오(憎惡)한마음이가슴에 불이되어 타올나오고 안잣든방은문득악마의굴가티 보인다"[15]

나라 잃은 시기에 여성이 당하는 이중적 고통을 권환은 외면하지 않고 작품을 통해서 고발하고 있다. 조선인 남성노동자들에게 여성들이 멸시와 차별을 받고 있는 당시의 현실을 작가 원소는 도저히 참을 수 없었던 것이다. 이처럼 여성이

---

14) "필성의 목화와 콩은 栽培奬勵等과 共同販賣에 대한 정체설명과 아지프로적 담화로말미암아 각성이되고단합을해서 드듸여일을 일으켯다는 것은 자연스러운 묘사이며 그를 계기로하여가지고 ++농조 ++지부경화동반이 성립되엿다는것도 필연적 귀결이라고할 것이다." 박승극, Book Review, 농민소설집 농민문제와관련하야(三), 조선일보, 1933년 12월 14일자.

15) 元素(1924), 「아즈매의 사」, 『조선문단』 12월호, 24쪽. 조선문단사.

당하는 이중적 억압에 대해서 권환은 1927년에 소설『썩은 아내-감방내의 幻夢』16)에서도 지속적으로 다룬다. 이처럼 「아즈매의 死」 연장선상에 놓이는 작품이『썩은 안해』이다. 마찬가지로 1940년에 발표된 희곡『아버지』도 여성의 이중적인 모순과 고통을 담아내고 있다는 점에서 한결같다고 하겠다.

『썩은 안하』는 일본 경도제국대학에서 계급사상 학습에 몰두하고 있는 가운데 발표된 작품이다. 내용은 이렇다. 타락한 남성 노동자들의 야수적 폭력으로 결국 술집의 한 이름 없는 여성이 죽음에 이르는 이야기를 담고 있다. 여성의 이중적인 차별과 억압을 권환은 여성의 시선으로 다루고 있다는 것이 권환 문학이 지닌 특징 가운데 하나다. 여기에 「아즈매의 死」가 앞서 놓이게 됨으로써 권환의 작가 의식에는 여성 차별을 바라보면서 계급의식에 개인 윤리를 앞서 내세우고 있음을 확인하게 된다. 곧 권환 문학의 독자성은 남성에 의해 자행되는 여성에 대한 악마적인 폭력과 멸시를 문학작품에 담아낸 점이라고 할 만하다.17)

따라서, 「아즈매의 死」는 일제강점기 일본으로 건너간 조선민중들의 극빈한 생활을 드러내는 것에만 머물지 않았다는 뜻이다. 조선인 남성 노동자들이 같은 조선인 여성 노동자에

---

16) 원소(1927), 「썩은 안해-감강내의 환몽」, 『조선지광』 7월호, 조선지광사.

17) 권환 문학이 지닌 독자성은 윤리의식과 계급의식의 결합에서 찾을 수 있을 것이다. 하지만 여기서 권환 문학의 독자성이 구체적으로 어떠한 것인가를 해명하는 일은 무리가 따른다. 이 일은 다음 논의에서 이루어질 일이다.

게 가하는 차별과 억압이 더욱 본질적이고 현실적인 문제임을 중심에 놓고 고발한 것이다. 이로써 권환은 남성의 폭력으로 해체되는 이중적인 모순에 놓인 여성들의 시선과 처지를 당대에 앞서 제기한 점이 여느 당대 작가들과 다른 자리에 놓인다.

5) 마무리

이상과 같은 짧은 논의를 줄여 마무리로 삼는다. 우선 첫째 이명 元素(원소)는 권환의 다른 이명 가운데 처음 첫 공식 작품을 발표할 때 사용한 것이라는 점을 밝혀냈다. 둘째 「아즈매의 死」는 권환의 첫 등단작품임을 새롭게 밝혀 학계(學界)에 보고하였다. 이를 통해서 권환은 춘원 이광수의 추천으로 공식적으로 1924년에 『조선문단』으로 한국 근대문학의 첫발을 들이댄 세대 가운데 한 작가임을 확인하고 밝혀내었다. 이로써 권환의 등단에 대한 명확한 시기와 추천된 잡지를 밝혀냄으로써 1925년 『신소년』 7월호에 그의 소년소설이 3회에 걸쳐 연재되는 이유를 파악할 수 있게 되었다. 셋째 「아즈매의 死」의 안팎 증거에서도 권환이 추구한 문학이 현장성과 사실성을 밑바탕에 두고 문학적 출발을 한 사실을 새삼 확인하게 되었다. 곧 「아즈매의 死」의 작품 주제에서 권환 문학이 지닌 특징 가운데 대표적으로 사실성과 현장성, 윤리성에 그 뿌리를 두고 있음을 확인하게 되었다.

따라서 이 글은 권환 문학의 출발점이 명확하게 밝혀짐으로써 그 이후 권환의 문학적 지향이 난데없고 뿌리 없음이 아님을, 그의 이명 元素를 매개로 권환의 첫 등단작품을 새롭게 발견한 것에서 의의를 지닌다. 곧 권환 문학은 출발에서부터 형식적 완결성코다는 현실의 현장성을 중요한 덕목으로 하고 있었음을 확인하였다. <2004>

도움글

元　素(1927), 「썩어가는 안해-감방내의 환몽」, 『조선지광』 7월호, 조선지광사.

權元素(1927), 「자선당의 불」, 『조선지광』 12월호, 조선지광사.

경　완(1928), 「나의 어린째 기억」, 『신소년』 4월호, 신소년사.

權　生(1928), 「계급론」, 『조선지광』 9월호, 조선지광사.

경　완(1930), 「소년공의 노래」, 『조선지광』 11월호, 조선지광사.

權允煥(1930), 「무산계급운동의 별고와 장래와 전개책」, 『중외일보』 1월 10일자, 중외일보사.

김선혜(1987), 「조선문단 추천소설고」, 동아대학교 교육대학교 석사논문.

김홍기(1989), 「채만식의 숨겨진 筆名과 作品考」, 『선청어문』 제18집, 서울대학교 사범대학 국어교육과

목진숙(1993), 『권환 연구』, 창원대학교 석사논문.

박승극(1933), 「Book Review, 『농민소설집』 農民文學問題와關聯하야(三)」, 『조선일보』, 1933년 12월 14일자.

이장열(2003), 「권환 문학 연구」, 경남대학교 박사학위논문.

노영희(1993), 「김소운의 아동문학세계」, 『同大論叢』 제23집, 동덕여자대학교.

유병석(1974), 「한국문사의 이명연구」, 『문학사상』 3월~11월호.

황　현(1998), 「현실 그 갈등과 성찰의 공간: 권환의 시세계」, 『오늘의 문예비평』, 여름호.

5

지하련의 가계(家系)와
마산 산호리

1) 들머리

지하련(池河蓮, 1910~?)[1]은 1940년 「결별」을 『문장』지에 발표하면서 문단에 나온 여성작가다. 임화 둘째 부인으로 더 알려진 지하련(이현욱)은 근대문학사에서 개인 체험을 바탕으로 삼아 소설을 창작한 문학인이라는 값 매김이 가능한 이다. 나라 잃은 시기 나날살이가 서사형식을 빌려 발표하기 어려웠던 때 체험소설을 써 문단에 나온 문학인이라는 점에서 특이하다. 지하련은 월북 이전 1948년까지 7편의 단편소설을 발표하였다.

근대문학사를 연구하는 이들에게 지하련은 미지의 문학인으로 남아 있었다. 그녀의 출생, 성장, 임화와의 결혼, 월북 그리고 죽음에 이르는 중요한 매듭들이 아직 풀리지 않았기 때문이다. 그래서 지하련 해적이를 마련하는 데 그녀의 소설은 중요한 단서를 제공하였다. 「체향초(滯鄕抄)」(문장, 1941. 3)는 주변 사람에 대한 정보를 얻을 수 있어 주목받았다. 특히

---

1) 제적등본에 따르면 지하련(이현욱)의 본적은 경상남도 창원군 웅남면 월림리 136번지이다. 그녀의 생년월일은 1910년 7월 17일이다. 한편 지하련은 1912년 7월 11일생이라고 밝히고 있다(지하련(1941. 4), 「인사」, 『문장』, 264쪽). 글쓴이는 제적등본 생년월일을 다르는 것이 타당하다고 생각한다.

「체향초」에서 '산호리'는 지하련 해적이 작성에 큰 보탬이 되었다. 그녀의 오라버니가 마산 산호리에서 살았다는 사실을 짚어낼 수 있기 때문이다.

지금까지 지하련의 오라버니 연구는 거의 없어 각 개인 해적이는 엄두조차 낼 수 없었다. 그런 점에서 지하련과 그녀 오라버니와의 고리를 마련한 장윤영(1997)[2]의 글은 돋보인다. 이 글로 지하련에 대한 몇 가지 의문의 매듭을 풀게 되었다. 지하련의 본명은 이숙희(李淑姬)이며, 부실 딸임을 밝힌 이 글은 온전한 지하련론과 임화론을 작성하는 데 보탬이 될 것이다. 이 글이 나오기 전까지 지하련의 해적이는 그녀의 진술에 의존하였다.[3] 그래서 지하련의 소설에서 내용과 형식을 분석하는 연구에 치중할 수밖에 없었다.[4]

장윤영 글에서 굳이 부족한 점을 지적하면, 지하련 오라버니에 대한 풍부한 해적이를 마련하지 못한 점이다.[5] 또한 지하련 소설에 등장하는 마산 산호리를 근대문학사와 관련하여

---

2) 장윤영(1997), 「지하련 소설연구」, (상명대 대학원 석사학위논문). 글쓴이는 먼저 이 글이 장윤영의 연구성과에 많이 빚지고 있음을 밝혀두고자 한다.

3) "명치 45년(대정 원년: 1912년) 7월 11일 출생입니다. 아무런 경력도 없습니다." 지하련(1941), 『문장』 4월호. 264쪽.

4) 서정자(1987), 「일제강점기의 한국여류소설연구」, (숙명여대 박사학위논문).
박미정(1990), 「이선희와 지하련의 소설연구」, (숙명여대 석사학위논문).
남찬우(1991), 「지하련의 소설연구」, (경남대 교육학 석사학위논문).
이덕화(1995), 「지하련의 문학세계」, 『문학과 의식』, 봄호.
정영진(1993), 「비운의 작가 지하련의 삶과 문학」, 『문학사의 길찾기』, (국학자료원).
이정(1995), 「지하련의 삶과 문학」, 『여성과 사회』, (창작과비평사).

5) 특히 부친 이진우 사망년도, 그녀 오라버니 이상배 이름을 이상북으로 잘못 표기하였다.

짚어내지 못한 점이다. 마산 산호리는 문학창작으로 이끈 동력을 지닌 곳이라는 점에서 소홀히 다룰 수 없기 때문이다.

그래서 글쓴이는 앞선 성과를 종합하여, 빠트린 부분, 끼워넣어야 할 부분, 잘못된 점을 바로 잡아 지하련 집안 가계도와 각 개인의 해적이 작성을 이 글의 목표로 삼는다. 지하련 친척과 면담, 호적등본과 제적등본 열람, 재판기록 발굴, 웅남리와 산호리 탐방으로 이를 더욱 구체화시켜 보고자 했다.

2) 지하련 집안 가계도

지하련 본관은 경즈며, 부친은 이진우(李珍雨, 1876~1918)다. 경주 이씨 익제공파(益齊公派) 판윤공계(判尹公系)다.[6] 1926년 창원군 웅남면 월림리 136번지로 옮겨 오기 전까지 이진우 자녀는 경남 거창군 위천면 강천리 64번지에서 태어나 그 곳에서 자랐다. 이진우는 1919년 거창에서 사망한다. 호주 상속을 장남 이상만(李相滿)이 한 뒤 1926년에 창원으로 살림을 옮겼다. 이진우에게는 정실 신황산(愼黃山)과 부실 박옥련(朴玉蓮)이 있었다. 신황산은 상만(相滿), 상백(相百), 상조(相祚), 상배(相北), 상선(相鮮) 5형제와 딸 용희(容姬)를 두었다. 부실

---

6) 『경주이씨익제공파판윤공세보』, (뿌리, 1995), 52~55쪽.

박옥련은 지하련을 낳았다.

지하련 집안 가계도를 족보와 제적등본을 참고하여 아래에 둔다. 아래 가계도는 지하련 부모와 그녀 오라버니만을 표시하였다.

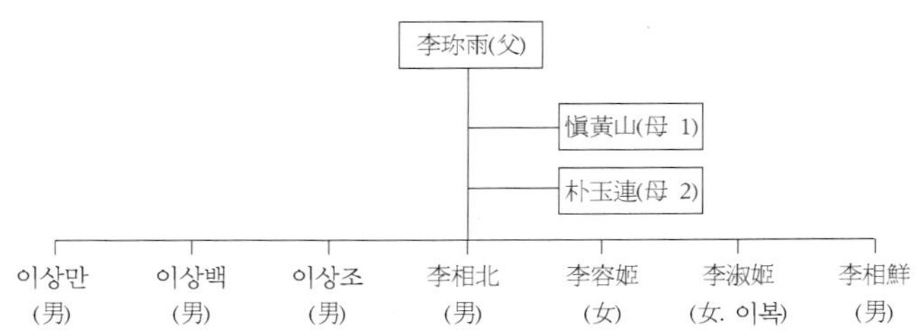

3) 지하련과 오라버니 해적이

지하련 부친 이진우는 1876년에 태어나 거창군 위천면 강천리(薑川里) 64번지에서 나이 42세되는 1919년에 사망한다.[7] 그는 많은 재력을 바탕으로 어려운 처지에 놓인 사람들을 돌보기도 했다. 그는 정실 신황산(1873년생)과 부실 박옥련(1885년 2월 18일생)[8]을 두었고, 부실 박옥련은 지하련 모친이다.

---

7) 장윤영(1997)의 글에는 지하련 부친 이진우가 1926에 사망하였다고 적혀 있다. 그러나 글쓴이가 확인한 이상만 제적등본에는 1919년 부친 이진우 사망으로 호주를 상속한다고 등재되어 있다. 거창에서 창원으로 전적한 해는 이진우 사망 뒤, 이상만이 주도한 1926년이다.

8) 박옥련 호적등본 참고.

큰 오라버니 이상만(李相滿)은 1898년 7월 5일생이다. 이상
만은 부친의 사망 뒤에 서울에서 생활한 것으로 보인다. 그는
1919년 12월 22일 대한민국임시정부를 후원할 목적으로 조직
된 군사주비단의 단원으로 상해 임시정부 공책원인 김노한으
로부터 서울 삼청동 진종원 집에서 독립공책을 교부받아 군
자금 오백 원을 제공한 것이 왜로 경찰에 발각되어 경성지방
법원에서 징역 6월을 선고받았다. 이상만 나이 21세 때 당시
돈으로 오백 원을 대한민국임시정부 군사주비단에 제공한 것
으로 볼 때 대단한 재력가이었음이 짐작된다.9) 기록에는 이
상만은 일본유학생이며 형평운동에도 참여한 것으로 소개되
기도 한다.10) 그러나 그가 어느 학교를 마쳤는지는 확인할
수 없다. 그 뒤에드 이상만은 1927년부터 1930년 사이 신간회
마산지회 활동에 참여한다.11) 이상만은 1938년 10월 22일 술

---

9) 이상만은 이 사실이 뒤늦게 인정되어 1997년 국가로부터 독립훈장포장을 수여받았다. 이와
   관련한 판결문은 다음과 같다. 고등경찰요사(경북경찰부) 206쪽. 경성지방법원 공판기록:
   1919. 12. 22. 〈이유〉 피고 안종운은 (……) 여준현·장응규·이민식과 함께 1920년 음력 1
   월경부터(……)피고 이민식은 이상의 공채증권 중 1천 원권 1매, 5백 원 1매를 동년 음력 10
   월 피고 김성진 유병의게게 교부하고 이상의 공채권을 매각하여 조선독립자금을 조달하라고
   권유하였으며, (……) 피고 김성진은 동년 말경 피고 이민식으로부터 동부 공평동 동인의 집에
   서 전기 공책 5백 원권 1매, 책 원권 3매를 교부받아 피고 김노한에게 교부하고 (……) 피고
   김노한은 그 지령에 찬동하여 동부 삼청동 진종원 집에서 이상의 공책권 중 5백 원권 1매를
   피고 이상만에거 교부하고 피고 이상만은 상해 임시정부의 조선 독립운동 자금으로 제공될 금
   5백 원을 즉시 김노한데게 교부하여(……) 모두 안녕질서를 방해하려고 한 것이다. 〈주문〉
   1919년 制令 제7호 위반, 공갈, 강도미수, 살인 교사 등이다. 〈국가보훈처(1997),『독립유공자
   공적서』, (국가브훈처)〉.

10) 이균영(1993),『신간호 연구』, (창작과비평사). 332쪽.

11) 1927. 12. 21 신간회 마산지회는 간사회를 개최하고 다음 사항을 결의하다. 1. 지회 정기대
    회 시일은 12월 28일 하오 6시로 연기하기로 결의함. 2. 본회에 제출할 의안작성위원으로
    이형재, 이상만, 최용철, 김긔동씨를 선정함. 1930. 3. 31 신간회 마산지희에서는 오랜동안

로 인해서 복수가 차서 나이 마흔에 사망하였다.[12] 큰아들 창환도 삼촌들과 같이 월북한다.[13] 이상만 제적등본에 등재된 정실부인은 민태주(閔太周: 1897년생)다.[14] 그러나 민태주는 자식을 낳지 못한 것으로 보인다. 이상만의 자녀들은 창환(彰煥), 렬(烈), 영애(英愛)다. 이들은 부실 이순남(李順南)이 낳았다. 그러나 이순남은 제적등본에는 등재되지 않았다.

제적등본에는 종제로 등재된 둘째 오라버니 이상백(李相佰, 1903년 1월 29일생)은 1934년 5월 15일 아들이 없었던 가까운

금지되었던 제3회 정기대회를 당지 儒町 한양관에서 개최한 바 집행위원장 명도식으로부터 개회를 선언하고, 개선된 임원은 집행위원장: 김용환. 동위원: 이상만. 출판부: 김명규(부장). 이상만. 〈독립운동사자료집(국가보훈처) 제14집 302쪽〉. 1927년 3. 2 경남 마산의 숭문단회관에서 각 단체대표자 간담회가 개최되었는 바 이날 토의된 사항은 다음과 같다. (중략) 마산학원과 배달학원을 병합시켜 부민일반이 기대하는 유치원으로 변경하야 병합경영하도록 양학원 경영자들에게 교섭하기로 결의하고 교섭위원으로 이상만(외 6명)을 선정함. ≪일제침략하한국36년사(국사편찬위원회) 제8권 413쪽. 〈동아일보〉 1927. 3. 5.≫. (마산지회의) 설립시부터 1930년 초까지 변화되는 지회간부진은 다음과 같다. (ㄱ) 설립대회(1927. 7. 20) 간부진은 회장: 김용환. 서무부: 이형재 · 여해. 재무부: 이상만. (ㄴ) 제2회 정기대회(1928. 12. 28) 간부진은 조직선전부: 김주봉, 김환, 이상만. (ㄷ) 복대표대회의 규약개정에 따른 임시대회(1929. 8월) 간부진은 회계: 이상만, 재정부: 이상만. (ㄹ) 제3회 정기대회(1930. 3. 21) 간부진에 출판부: 김명규, 이상만. 〈이균영(1993), 『신간회 연구』, (창작과비평사), 329쪽〉.

12) 지하련 조카이며 이상만 둘째 아들 이렬(李烈, 1926년생) 씨 증언에 따르면, 부친은 지역에서 상당한 재력가임에는 틀림이 없었다고 한다. 한 예는 그 당시 조선을 통틀어 몇 대밖에 없었던 오토바이를 타고 다닌 것이다. 부친이 배에서 내릴 쯤에 동네 사람들은 나룻터에 모여들어 오토바이를 내려 주었고, 그러면 항상 술을 대접하여 인심을 얻은 것으로 보인다. 그리고 부친이 일찍 사망한 데는 삼촌들의 사회주의 활동으로 인한 정신적 고통도 한몫 자리잡았다고 한다(1999. 8. 10).

13) 이렬 씨는 삼촌과 고모의 월북으로 자신뿐만 아니라 자식들도 심한 고통을 당했다고 말했다. 이렬 씨 형님에 대해서 질문한 결과 일본에 유학 간 뒤 돌아오지 않았다고 했다. 그런데 이렬 씨 형님 창환(彰煥: 1923년생)도 월북한 것으로 보인다. 이렬 씨 여동생 영애(英愛: 1936년 4월 25일생)는 염소 젖을 먹은 것이 탈이 되어 1936년 7월 9일 어린 나이로 사망했다. 영애는 누군가 집 앞에 버리고 간 것을 거두었던 아이였다고 한다(1999. 9. 10).

14) 민태주 제적등본에는 이상만이 1938년에 사망한 뒤에 곧바로 혼인신고를 한 것으로 되어 있다. 이상만과 민태주 사이에는 자녀들이 없다.

친척의 양자로 들어갔다.[15] 1920년 1월 24일 거창군에 적을 둔 이재영(李在永)의 딸 이점영(李占永)과 결혼한다.

셋째 오라버니 이상조(李相祚, 이명: 李仁喆, 1905년 8월 18일생~?)는 1921년 휘문고등보통학교에 입학하여 1922년에 중퇴했고 1924년 9월에 동경에 가서 니혼대학(日本大學) 문예과에 다니면서 1927년 신간회 동경지회에 가입하여 선전부에서 일했고, 동경 조선청년동맹에 가입했다.[16] 그는 1928년 1월 25일 조선프롤레타리아예술동맹 동경지부 제1회 임시총회에서 정치부 소속으로 이름을 올렸다.[17] 그 뒤 1928년에 니혼대학에서 퇴학당한 뒤 곧바로 조선으로 돌아왔다. 같은 해 10월 25일 대구법원에서 폭력행위등처벌에 관한 법률위반으로 징역 10월을 선고받았다.

1928년에 귀국 후 마산청년동맹, 경남청년동맹 등에 가입하여 활동하였고 1931년 7월 대구에서 열린 조선공산주의협의회 전국대회에 경북대표로 참석했다. 같은 해 8월부터 <봉화>, <노동자>, <대구노동신문> 등을 작성하여 대구, 경남, 전북 등지에 배포하였고, 그 해 대구에서 사회과학연구회를 조직하였다. 1931년 11월 20일 충북 보은 출신인 전주 최

---

15) 이상백은 창원군 웅남면 월성리 26번지로 분가한다.

16) 〈동아일보〉 1927. 12. 21.

17) 1928년 1월 25일 조선프롤레타리아예술동맹 동경지부 제1회 임시총회에서는 이상조의 여동생 이현욱(지하련)도 출판부 소속으로 이름을 올려놓고 있음을 확인하게 된다. 이로써 임화와 지하련의 만남은 이미 1928년 무렵 동경에서 처음 이어졌다고 판단된다.

씨 최병철(崔秉轍)의 자녀인 최영희(崔英喜, 1910년생)와 결혼한다. 그때 대구에서 생활한 것으로 보인다.

1933년 1월에 대구에서 왜로 경찰에 검거되어, 그 해 4월 20일 대구지방법원에서 치안유지법위반과 출판물위반으로 징역 4년을 선고받았다. 선고문을 살펴보면, 당시 이상조는 '支那 ハン屋'(지나 빵집)을 경영하고 있었고, 나이는 29세였다.[18] 빵집을 경영할 정도라면 그도 상당한 재력을 갖고 있었던 것으로 보인다. 이 사건으로 함께 검거된 김기선(金琪善), 이재규(李在奎), 김주영(金柱榮), 서인식(徐寅植) 등은 신간회 동경지회 일원이었다.[19]

---

18) 대구지방법원검사국(1933), 『형사재판서원본』 제4책.

19) 대구지방법원(1933년 4월 20일)에서 선고를 받은 사람들의 본적과 주소, 직업, 그리고 형량을 참고로 적어 둔다.
권대형(權大衡, 1896~?) 본적: 경상남도 하동군 청암면 궁정리 840번지. 주거: 부정. 직업: 무직. 연령: 37세. 형량: 징역 6년. 1924년 3월 서울에서 중동학교 졸업했다. 같은 해 연희전문학교에 입학하고 7월 퇴학당했다. 1925년 4월 동경 와세다대학 전문부정치학과에 입학한 후 1926년 3월에 퇴학을 당한다. 1927년 4월 조선공산당 일본부에 입당한 뒤, 1928년 2월 조선공산당 일본총국 동경 남부야체이카에 배속되어 활동하였다. 그 해 6월에 조선으로 돌아간다. 동경에 있을 동안 신흥과학연구회, 재동경조선청년동맹, 재일본조선노동총동맹, 일월회(日月會) 등 사상단체에 가입했다.
서인식(徐寅植, 1905~?). 본적: 함흥부 하동면(荷東面) 646번지. 주거: 부정. 직업: 무직. 연령: 28세. 형량: 징역 5년. 1924년 3월 경성사립중앙고등보통학교를 졸업. 같은 해 4월에 동경 와세다대학고등학원 문과에 입학한다. 1926년 3월에 이 학교를 졸업한 뒤, 그 해 4월 와세다대학문학부 철학과에 입학한다. 1928년 12월에 퇴학을 당한 후, 1929년 9월 支那에 가서 상해 등에서 활동한 뒤, 1930년 12월에 조선으로 돌아왔다. 동경에 있을 때 산흥과학연구회, 신간회 동경지부에서 활동하였다.
김기선(金琪善, 1901~?). 본적: 전라남도 순천군 낙안면 하송리 41번지. 주거: 부정. 직업: 무직. 연령: 32세. 형량: 징역 5년.
이재규(李在奎, 1904~?). 본적: 경상남도 사천군 곤명면 금성리 209번지. 주거: 진주군 주읍 옥봉리 809번지. 직업: 무직. 연령: 29세. 형량: 징역 4년.
김주영(金柱榮, 1901~?). 본적: 경상남도 하동군 동면 두곡리 660번지. 주거: 함경남도 함주군 흥남면 송상리 번지 불상. 직업: 무직. 연령: 32세. 형량: 징역 2년, 집행유예 4년.
이상조(李相祚, 1905~?). 본적: 경상남도 창원군 웅남면 월림리 136번지. 주거: 대구부 ?

이상조는 만기출옥한 해인 1936년에 고향으로 내려와 1937년 4월 6일 창원군 내서면 산호리로 분가한다. 그 당시 왜로 경찰에 검거 후 심한 고문으로 허리를 심하게 다쳐 한여름에도 허리에 붕대를 감고 있을 정도였다고 한다.[20] 그는 을유광복 이전까지 산호리에서 은둔을 하였고, 광복 후에는 1946년 마산에서 민주주의민족전선(이하 '민전') 선전부장으로 잠시 있었다.[21] 경인동란에 앞서 월북한 것으로 보인다.[22]

넷째 오라버니 이상배(李相北)는 1907년 10월 10일생이다. 1936년 2월 다산어 내려온 임화, 이성학[23]과 교유하면서 사

설정 130번지, 직업: 支那ハン屋, 연령: 29세, 형량: 징역 4년.
황순일(黃淳一, 1903~?), 본적: 경성부 마포구동 308번지, 주거: 함경남도 덕천군 적전면 송흥리 번지불상, 직업: 무직, 연령: 30세, 형량: 징역 1월 6월, 집행유예 4년.
윤영기(尹永基, 1910~?), 본적: 전라남도 순천군 낙안면 하송리 273번지, 주거: 부정, 직업: 무직, 연령: 23세, 형량: 징역 1년 6월, 집행유예 4년.
전명석(全明石, 1910~?), 본적: 경상북도 경산군 안심면 사복리 78번지, 주거: 부정, 직업: 무직, 연령: 23세, 형량: 징역 1년 6월, 집행유예 4년.
고광윤(高光輪, 1908~?), 본적: 충청남도 공주군 외면산리 220번지, 주거: 대구부 달성정 181번지, 직업: 무직, 연령: 25세, 형량: 징역 1년 2월, 집행유예 4년.
정경주(鄭景周, 1908~?), 본적: 경상북도 고령군 덕곡면 노리 178번지, 주거: 대구부 경산정 153번지, 직업: 무직, 연령: 25세, 형량: 징역 1년 2월, 집행유예 4년.

20) 이렬 씨 증언(1999. 8. 11.).

21) 신문기사에 따르면 1946년 3월 20일 민전 회의실에서 새로운 위원 31명을 의원 선출하였다는데 여기서 이상조가 선전부장으로 되어 있다. 〈중보〉 1946년 3월 4일, 21일, 27일.

22) 이상훈(재종) 씨 댁에서 '경주기씨계보'를 보았다. 이 계보는 1970년대에 이상선(지하련의 남동생과 동명)이 손으로 직접 작성한 것이다. 이 계보에 따르면 이상조, 이상배, 이상선 세 형제는 모두 월북한 것으로 좌측에 기재되어 있다. 또한 이렬 씨가 삼촌 월북에 관해 증언한 내용은 이렇다. "이상조 삼촌은 광복기에 잠시 좌익단체에서 일한 적이 있다. 언제인지는 정확하지 않지만 1945년에서 1946년에 마산에서 큰 데모가 있었는데 그때 잡혀간 이들이 모두 삼촌을 주동인물로 지목하는 바람에 낭패를 보았고, 그 일로 자신 모친에게 어느 날 저녁에 몰래 와서 더 이상 만나지 못할 거라는 말을 하고 가족들과 함께 떠난 것이 삼촌과는 마지막이었다"라는 말을 모친에게 들었다고 했다(1999. 8. 10).

23) 이성학(李成學)은 황해도 수단군에서 보통학교를 졸업하고 13살 때 서울로 올라와서 약종상 점원, 인쇄직공 등으로 전전하다가 1931년 신현중(愼弦重) 등의 경성제대 반제동맹 사건에

회주의 운동에 대한 논의를 한 것으로 짐작된다.[24] 1930년대 중반 전후로 왜로 경찰에 상대적으로 감시가 덜 미치는 마산에 상당수 사회주의자들이 숨어든 것이며 그 가운데 임화도 놓인다. 이상배는 이상조를 뒤이어 1937년 4월 6일 내서면 산호리 562번지로 분가한다. 곧바로 4월 28일 부산부 초량정 김해 김씨 김중재(金重在)의 둘째 딸 김귀련(金貴連)과 결혼한다. 그에 대한 자세한 학력이나 경력은 아직 발견하지 못했다.[25] 그는 가족들과 떨어져 함흥에 살면서 사회주의 활동을 하였다는데 확인할 방법이 없다.[26]

지하련의 언니는 이용희(李容姬, 1908~1987)이다. 그녀는 1987년 5월 2일 부산시 동래구 서3동 119-9번지에서 사망하였다.[27] 그녀에 대한 자료부족으로 해적이를 작성할 수 없었다. 빠른 시일 내에 후속작업이 필요하다.

그리고 이숙희(李淑姬, 1910년 7월 17일생~?)는 거창에서

관련되어 1933년 11월에 징역 1년 6월, 3년 집행유예를 선고받았다. 1935년 8월 중순에는 권우성(權又成)을 정재철에게 소개하는 활동을 하다가 기소유예 처분을 받았다. 〈김경일(1993), 『이재유연구』, (창작과비평사), 233쪽~234쪽〉

24) 이상배 이름이 거론된 것은 김경일(1993)의 책 233~234쪽이다. 이 글에서 "이성학은 1936월 2월에는 마산에서 임화, 이상배와 교우"한 것으로 적혀 있다.

25) 글쓴이는 이상배 역시 서울과 일본에서 유학한 것으로 추측한다. 이상배는 이상조와 이상선에 견주어 보아 실체를 파악할 자료가 거의 없는 실정이다. 이상배의 정확한 해적이도 마련되어야 한다. 자료부족과 관련하여 이상배는 호적등본도 없었다. 그도 산호리 562번지로 분가하였다. 마산시 합포구청 호적계원들은 누락되었을 가능성이 크다고 했다. 사실 누락되면 안 되는 자료들이다. 법원에서 호적등본이 있는지 찾아보겠다고 했다(1999. 10. 1).

26) 이상훈(재종) 씨의 증언(1999. 8. 10).

27) 박옥련 호적등본 참고.

태어났다. 그녀는 근대문학사에 지하련(이현욱)으로 알려진 이이다. 지하련은 부친 이진우가 정실 신황산이 생존하고 있을 때 부실로 제적등본에 등재된 박옥련이 낳은 딸이다.[28) 그래서 이들 모녀는 1919년 부친이 사망한 뒤 1926년 가족 모두가 창원군으로 이사한 뒤에도 거창에 오랫동안 남아 있었던 것으로 보아 좋은 관계는 아닌 것으로 보인다. 그녀가 『문장』지에 생년월일을 1912년으로 한 것도 부실 자식이라는 나름의 고민에서 비롯된 것으로 여겨진다.

지하련 학력도 그녀 글에 의존할 수밖에 없었다. 그녀는 동경소화고녀(東京昭和高女)와 동경여자경제전문학교(東京女子經濟專門學校)에 다녔다고 소개하였다.[29) 동경 유학시절에 임화를 처음 만난 것으로 보인다. 임화(1908년생)와 지하련(1910년생)은 두 살 터을로 충분히 가능한 일로 보인다. 1934년 카프의 2차 검거 사건으로 임화는 연행되는 도중에 각혈을 하며 쓰러져 구속을 면한 뒤 결핵을 치료하기 위해 1935년 평양실비병원(實費病院)에 입원하였다.[30) 이때 지하련은 임화를 병문안하였다.[31) 이 방문으로 급속하게 임화와 가까워졌을 것으로 추측된다. 그리고 평양에서 임화가 몸을 추스른 뒤

---

28) 지하련은 정실 신황산이 낳은 막내아들 이상선보다 3년 먼저 태어났다.
29) 이현욱(1940. 1), 「편지」, 『삼천리』, 288쪽.
30) 일기자(1935. 7), 「시인 임호의 부부는 그 뒤에 어찌 되엿나」, 『조선문단』, 205쪽.
31) 편집기자(1939. 12), 「設文」 『여성』, 66쪽.

1935년 4월에 서울로 돌아온 후 동대문 밖 탑골승방에서 기거했다. 그 해 4월 22일 동대문경찰서 고등계에 카프해산계를 제출한 후 바로 마산으로 갔다. 임화의 마산행은 결핵치료와 전향성 은둔과 그리고 결혼을 위한 것이다.[32] 서울을 떠날 무렵 임화의 아기를 지하련은 임신했다. 마산에 내려온 지하련은 결혼승낙을 위해 큰 오라버니 이상만에게 갔지만, 승낙은커녕 면전에서 따귀를 얻어맞았다.[33] 이혼남 임화와 교제, 그리고 혼전임신으로 이어지는 지하련의 선택에 이상만은 분노한 것이다. 결국 집안 반대를 무릅쓰고 지하련은 임화와 1936년 7월 8일 혼인신고를 한다.[34] 4일 뒤에 그녀는 아들 원배(元培)를 마산시 상남동 199번지에서 낳았다.

1938년 2월 초에 지하련은 남편을 따라 서울에 다시 왔다.[35] 이들은 서울 종로구 창신동에 기거하게 된다.[36] 지하련은 모친과 함께 전처소생 이귀련이 낳은 혜란을 키우면서 살았다고.[37] 그 뒤 지하련은 임화의 병을 간호하다 자신도 결

---

32) 「문단소식」, 『조선문학』, 1937. 2. 165쪽.

33) 이렬 씨의 증언.(1999. 8. 10).

34) 이숙희 제적등본에는 "京城府 昭格町 129번지 임인식과 혼인"으로 등재되어 있다.

35) 임화와 전처 이귀례 사이에서 태어난 혜란을 지하련은 호적에 올렸다. 그런데 1935년 10월 11일 창신정 130번지에서 혜란보다 4살 아래인 영문(英文)이 태어났다. 지하련과 임화는 이 시기에는 마산에 있었다. 영문의 아버지는 임화로 밝혀졌지만, 어머니는 누구인지 밝혀지지 않았다. 지하련은 마산에서 올라온 후 1941년 11월 18일에 영문도 자신의 소생으로 호적에 올렸다. 그러나 영문은 지하련이 양육하지는 않았던 듯하다. 임화 집에 출입한 인사들은 그들 부부 사이에는 두 남매만이 있었다고 기억한다. 〈이기형(1988. 7), 「월북시인 임화」, 『민족문학회보』〉 이런 사실에서 임화는 무책임한 사람이며, 도덕성에 문제가 있었던 것으로 보인다.

36) 임화(1939. 2. 5), 「시인산문」, 〈조선일보〉.

핵에 감염되어 가족을 서울에 둔 채 혼자 마산 산호리로 오게 되었다. 이 시기는 1940년 전후였다.

을유광복 후 1945년 8월 17일에 결성된 사회주의계열의 여성단체 조선부녀총동맹에서 문교부 일원으로 활동하였다. 그리고 1947년 2월 13일에 개최되었던 문화예술가 총궐기대회에 오장환, 안회남, 김영석 등과 함께 문학분과 소속으로 참가하였고, 여기서 지하련은 「문학가는 거짓말을 않는다」라는 제하에 규탄문을 발표하였다.[38] 서울과 해주를 오가며 비밀리에 활동한 임화는 1947년 11월 20일에 월북하였다.[39] 이때 지하련과 아이들도 함께하였다. 월북 후 행적은 확인되지 않는다. 1953년 8월 6일 박헌영간첩단사건으로 반국가 변란죄, 미제고용스파이혐의로 체포된 임화는 이 사건으로 사형을 선고받아 총살형에 처해진다. 1953년 지하련은 만주에서 처형 소식을 듣고 실성한 채 헤매다녔다고 한다.[40] 그 뒤 평북 회천 근처 산간 오지로 끌려가 교화소 시설에 격리, 수용되었다가 1960년 초에 병사했다는 설이 있다.[41] 지하련은 월북 후부터 임화가 총살형을 당할 때까지 문학활동을 계속하지 않았

---

37) 이기형(1921. 12), 「월북시인 임화」, 『민족문학회보』.

38) 지하련(1947. 1. 19), 「문학예술가의 사자후」, 〈독립신보〉.

39) 김윤식(1989), 『임화연구』, (문학사상사), 6쪽~9쪽.

40) 이철주(1966), 『북의 예술인』, (계몽사), 161쪽.

41) "지하련은 평북 회천 근처의 산간 외지로 끌려가 교화소에 격리 수용되었고, 1960년 초에 병사하고 말았다." 〈이기봉(1936), 「북의 문학과 예술인」, (사사연), 290쪽~291쪽〉.

나 짐작된다.

　지하련은 평범한 사람으로 살아가기를 원했지만, 시대는 그녀를 놓아주지 않았다. 그런 까닭에 그녀의 나날살이는 한 편의 드라마다. 당시 지하련은 한발 앞서 간 생각을 지닌 여성이었다. 봉건적인 전통이 그대로 남아 있던 일제강점기에 여성해방을 몸으로 실천한 그녀였던 셈이다. 이혼남 임화와의 결혼에서도 확인된다. 굴절된 시대는 그녀를 평범한 일상에 안주하지 못하게 하였고, 그녀 역시도 시대부름에 외면하지 않았던 것이다. 이런 지하련의 행보는 항왜 투쟁에 앞장선 오라버니들에게 영향을 받은 것으로 보인다.

　마지막으로 이상선(李相鮮, 1913. 5. 20~?)은 이 집안 막내이다. 그는 1927년 경성제일고등보통학교에 입학하여 1930년 8월 31일 자로 퇴학을 당했다. 그는 1930년 4월 이 학교 재학 중에 이종림(李宗林)[42]의 지도로 조선공산당 재건을 위한 야

---

42) 이종림(李宗林, 1901~?) 가명: 이법림, 권몽룡, 권삼문, 김명숙, 김화, 한종수, 주복일(고려공청 만주비서부 위원). 함남 덕원의 빈농 집안 출신으로, 도등보통학교를 마치고 고향에서 3.1운동을 참가했다. 그 후 러시아 극동지방으로 이주했다. 연해주 니꼴리스끄 우스리스끄에서 동향출신인 이중집(李仲執)과 더불어 빨치산부대의 무장에 필요한 자금모집할동에 종사했다. 1920년 12월 에르뚜고우 마을에서 교사로 근무하는 한편 러시아공산당에 입당했다. 이 무렵 한인 적색빨치산부대에 입대했다. 1924년 10월 우스리스끄의 한 중동학교 교원이 되었다. 12월 고려공산청년회 간도총국 대회에 참석하여 고려공청 만주비서부를 설립하고 선전부 위원으로 선임되었다. 연해주에서 조선공산주의운동의 통일을 위해 비밀리에 공산주의단체를 결성했다가 1925년 1월 러시아공산청년동맹(꼼소몰)으로부터 종파행위에 가담했다는 이유로 제명당했다. 이후 만주에서 '민주공청' 그룹의 일원으로 활동했다(조선공산주의자협의회 위원). 1927년 국내에서 지하활동에 종사했다. 11월 고려공청 함남도간부로 선정되었다. 1928년 2월 왜로의 조선공산당 탄압을 피해 국외로 망명했다. 1929년 5월 중국 길림(吉林)에서 재결성된 조공(ML파)의 일원으로 '12월테제'에 의거한 조공재건운동에 참여했다. 10월 귀국하여 ML파 성원들을 재규합하고 1930년 학생독서회, 노동자야체이카조직활동에 종사했다. 1931년 2월 경기도 김포에서 조공재건설동맹을 건립하고 중앙집행위원으로 선임되

체이카를 조직한다. 같은 해 8월경에 왜로 경찰에 체포되어 1932년 3월 경성지법에서 징역 1년을 선고받았다. 1935년 1월부터 조공저건경남그룹 활동의 일환으로 국제당 문헌지도 이론연구회, 사회과학연구회, 과학연구강좌 결성에 참여했다. 그 무렵 부산에서 적색노동조합을 조직했다. 같은 해 9월 이 일로 왜로 경찰에 체포되어 1937년 12월 부산지방법원에서 징역 1년을 선고받았다.

만기출옥 후 1939년 6월 7일 마산시 원정동 120번지에 적을 두고 있던 평산 신씨 재선(在仙)과 결혼하였다. 이상선의 자녀 가운데 셋째 이소영(李小英)이 서울에서 1947년에 출생한 것으로 보아 이때까지는 서울에 있었던 것으로 짐작된다.[43] 그 뒤에 월북한 것으로 보인다.[44]

어 조직부를 담당했다. ㄴ월 조공재건건설동맹을 조선공산주의자협의회로 개편하고 지방공작위원으로 선출도었다. 얼마 후 왜로 경찰의 검거가 시작되자 검거를 피해 극외로 망명했다. 〈강만길 외 엮음(1988), 『한국사회주의운동인명사전』, (창작과비평사)〉

43) 호적등본에 호주는 지하련 모친 박옥련이며 그 아래에 이상선은 등재되었다. 그 밑으로 지하련 언니 이용희도 그 안에 포함되었다. 호적등본에 전 호주는 지하련의 큰 오라버니 이상만의 큰아들 이창환이다. 기 호적등본은 문제가 많다. 이창환도 삼촌처럼 월북한 상황과 호주 박옥련에 난에 기재된 1959년 9월 9일 전 호주 사망으로 호주상속이란 상황 등을 볼 때 상당한 착오가 있는 것으로 보인다. 그리고 이용희는 1987년 5월 2일 부산시 동래구 서3동 119-9번지에서 사망, 5월 25일 호주 박옥련이 신고한 것으로 기록되어 있다. 호주인 박옥련은 1885년 태생이라는 것을 감안한다면 엉뚱한 일이다. 박옥련은 서울에서 지하련과 함께 생활한 것으로 추측이 된다. 그런 점에서 이 호적등본은 잘못된 것으로 여겨진다. 호적등본에서 일제강점기 항왜 투쟁에 참여한 후 광복기에 좌, 우 대립으로 인하여 자의든 타의든 한 집안의 월북으로 이어지는 몰락의 과정을 보게 된다. 올곧게 산 사람들에 더한 푸대접이 가혹하다는 생각을 이 호적등본으로 새삼 느꼈다. 이렬 씨도 세 삼촌과 숙모, 자기 형의 월북으로 인하여 정신적인 고통을 받은 탓에 되도록 집안 얘기를 하지 않으려고 하였다. 숨겨진 많은 이야기를 간직하고 있으면서 아직 그 보따리를 풀기에 세월이 여전히 그네게 너그럽지 않아 보였던 모양이다. 늦은 감은 없지 않으나 이렬 씨의 부친 이상만이 독립유공자로 선정되었다. 이를 계기로 나머지 사람에 대한 복원도 함께 이루어지기를 바란다.

앞에서 마련한 해적이로 지하련과 그녀의 오라버니는 항왜 투쟁에 앞장선 사람이었다는 사실을 확인하였다. 지하련을 포함하여 이상조, 이상배, 이상선, 이상만의 큰아들 창환이 경인동란 이전에 북한을 택한 우리 지역에서는 드문 집안임도 확인하였다. 특히 지하련은 월북 후에 고통을 겪다 주검조차 확인할 길이 없었다. 그런 점에서 지하련의 오라버니들도 순탄한 나날살이를 보내지 못했을 것이다. 남한에 남은 가족들도 이들의 월북으로 집안 붕괴로 이어졌다. 이제 광복기에 이루어진 월북을 이데올로기관점에서 바라볼 것이 아니라 굴절된 근현대사의 생채기로 받아들이는 마음자리로 이들에 대한 애정이 어린 관심과 복권은 절실한 과제이다.

4) 지하련과 마산 산호리

지하련의 본적지 창원군 웅남동 월림리 136번지는 현재 행정구역개편으로 창원시 웅남동 월림리로 되었다. 창원시는 1970년대 말부터 시작된 기계공단건설계획에 따라 개발을 마무리한 도시이다. 그래서 옛 모습은 어느 한 곳도 제대로 남아 있지 않다. 현재 창원군 웅남면 월림리 136번지에는 공장

---

44) 이상훈(재종)의 증언 참고. 1999. 8. 10.

부지가 조성되어 있다. 월림리는 산 중턱에 남아 있는 철거예정인 몇몇 가옥을 빼고는 모두 공장부지로 바뀌었다. 그래서 옛날 정취를 찾을 길이 없었다. 일제강점기에는 창원군 웅남면 월림리와 산호리 사이로 바닷물이 들고 나고 해서 나룻배를 이용하여 오가는 포가 자리 잡고 있었다. 현재 마산과 창원을 이어주는 <봉암다리>가 생기면서 나룻배는 사라졌다.

큰 오라버니 이상만(李相滿)이 1919년 부친 사망 뒤 거창군 위천면 상천리 64번지에서 가솔들을 데리고 1926년에 이곳으로 전적하였다.[45] 이주한 이유는 분명하지 않다. 글쓴이 생각에는 1926년대는 왜로 식민지 경제체제가 자리 잡았던 시기였다. 식민지 잉여생산물을 왜로로 이동하는 데 부동항으로서 마산은 적격이었다. 물자 교환이 빈번하여 내륙에 위치한 거창에 비해 자금이 풍부했던 여건을 이상만은 정확하게 파악하였던 것으로 보인다.

지하련의 소설에서 산호리, 곧 이상조가 분가한 산호리 562번지에는 왜로식 건물이 남아 있다. 1933년 4월 20일 대구지방법원으로부터 4년형을 선고받고 고문후유증으로 생긴 허리 병을 안고 만기 출옥한 셋째 오라버니가 바깥세상과 거리를 두며 1947년 4월경부터 살았던 곳이다. <체향초>에서 "삼희가 어렸을 적 유난히 따르던 오라버니일 뿐 아니라 형

제들 중 제일 몸이 약한 분인데다가 한때 불행(不幸)한 일을
해서 등을 상우고, 그래서 지금은 시가지(市街地)와 떠러진 산
밑에서 나무와 김생들을 기르고 날을 보내"[46]라는 대목이 나
온다. 산호리 562번지에서 나무와 김생을 기르며 지하련이
유난히 따르던 오라버니는 이상조였다.

이상조는 1937년 4월 16일에 이곳 산호리 562번지로 분가
한 뒤, 곧 이상배도 뒤따른다. 이상배도 1937년 4월 28일에
결혼 후 5월 4일부터 산호리 562번지에서 신접살림을 차렸
다. 이곳에서 이상조는 아내와 첫아이를 키웠다. 그 이후에
막냇동생 이상선도 이곳에서 첫째 이세영(李世永)을 1938년도
9월 30일에 낳았다. 이처럼 산호리 562번지는 현재 남아 있는
일본식 건축물처럼 여러 식구들이 살기에 알맞은 크기였을
것이다.[47]

지하련은 산호리 562번지에서 오래 생활하지는 않았다. 두
기간으로 나누어진다. 임화가 1935년 4월 22일 카프해산계를
제출한 후 곧바로 그와 함께 마산에서 머물러[48] 있다가 1938
년 2월 초[49]에 다시 서울로 간 기간이 첫 번째다. 그리고

---

46) 지하련(1941. 3), 「체향초」, 『문장』.

47) 현재 산호동 562번지는 562-1, 562-2로 구분되어 있다. 마산상업고등학교 뒤편에 위치한
산호동 562번지에는 이층 규모의 왜로식 콘크리트건물이 있다. 그 오른쪽으로 작은 채들이
두세 개 남아 있고 이것이 담 구실을 하였다. 〈1999. 7. 20〉

48) 백 철(1975), 『문학자서전』, (박영사), 425쪽.

49) 임화(1939. 2. 5), 「시인산문」, 〈조선일보〉.

1940년 10월경부터[50] 1941년 11월경까지 1년의 기간이 두 번
째다. 첫 번째는 임화의 병을 간호하면서[51] 그곳에서 혼인도
하고 곧바로 아들 원배(元培)[52]를 출산하는 기간이다. 카프서
기장이며 이혼남 임화를 사랑한 것, 혼전 임신, 큰 오라버니
에게 결혼승낙을 받기 위해 갔다 면전에서 따귀를 닺는 상황,
혼인신고 후 4일 뒤에 원배 출산, 이 모든 과정이 불과 2년
안에 맞은 지하련 의 선택이었다. 이 선택을 운명이라는 말로
자신을 위안 삼았을 것이다. 그녀 나이 26세였던 이 기간에
운명이라는 이름으로 드리운 생채기는 나중에 소설에서 자양
분이 되었다.

큰오바라버니의 결혼반대는 마산 중심에 위치한 상남동보
다 셋째 오라버니가 사는 변두리 산호리로 발길이 잦아지게
하였을 것이다. 그곳에서 돼지도 기르고, 나무도 조성하며 사
는 이상조는 넉넉한 마음으로 지하련을 맞이하였다. 이 당시
임화 역시 이곳을 드나들면서 지하련의 오라버니들과 교유했
을 것이다. 임화와 연배가 비슷한 이상배와 친하게 지낸 것으
로 추측된다.[53]

---

50) 이현욱(1940. 10), 「일기」, 『여성』.

51) 1937. 2, 「문단소식」, 『조선문학』, 165쪽.

52) 원배는 1936년 7월 11일 마산군 상남동 199번지에서 출생하였다.

53) "이성학은 1936년 2월에는 마산에서 임화, 이상배와 교유하였다"라는 글을 통해서 임화가
    이 기간을 글로 남기고 있는 대목에서 향우의 권유〈임화(1941. 10), 「釣漁秘義」, 『춘추』,
    123쪽)로 마산에서 낚시를 했다고 적고 있다. 이때 친구는 이상배일 가능성이 높은 것으로
    추측할 뿐이다. 〈김경일(1993), 『이재유연구』, (창작과비평사), 233~234쪽.〉 또한 서정주는

그리고 두 번째는 지하련이 마산에서 1940년 11월경부터 1941년 11경까지는 남편과 아이들을 서울에 두고 혼자 지낸 기간이었다. 그녀는 임화의 병을 간호하다 자신도 결핵에 감염되어 남편과 아이를 서울에 두고 혼자 마산으로 내려갔다.[54] 이 기간에 지하련은 소설창작에 몰두한다. 남편과 아이들이 곁에 없는 외로움을 달래는 소박한 마음으로 소설을 쓰기 시작했던 것이다. 당시 소설을 쓰게 된 동기를 아래에 밝혔다.

> "하기야 글을 쓴다고 해서 물 女子로서 充實히지 말날 법은 없겠으나 단지 나의 경우에 있어선 내가 집을 떠나있는 동안 내게 온 이를테면 가장 폐로운 時間을 주체할 길이없어 그 處置된곳이 이 길이었는지도 모르기 때문에사실 앞으로 내 行方에 딱이장담할수가 없습니다."[55]

"가장 폐로운 시간을 주체할 수 없어" 소설을 쓰기 시작했다는 말에서 근대사회의 부산물인 소설을 생리적으로 지하련은 터득하고 있음을 확인하게 된다. 개인체험이 소설이 되고 그 소설이 작은 역사로 되는 근대의 글쓰기를 지하련은 단순 명료하게 간파하였던 것이다. 그리고 소설 쓰기 향방에 대해

마산에서 요양하고 있던 임화에게 문병을 왔었다. 그때 임화의 아내 지하련을 보자 덥석 엎드려 큰절을 했다는 것이다. 〈김춘수(1995. 겨울), 「그늘이 깃드는 시간-2」, 『시와반시』, 150쪽〉.

54) 이현욱(1940. 10), 「일기」, 『여성』.

55) 지하련(1941. 4), 「인사」, 『문장』, 264쪽.

서도 자기 스스로 알 수 없다며 근대소설이 개인체험에 크게 좌우됨을 드러내었다. 죽음보다 더한 고독[56]을 이겨내기 위한 소설 쓰기가 근대소설의 운명임을 지하련은 밝혀낸 셈이다.

산호리 562번지를 묘사하는 대목들을 살펴보면 현재 산호리와 흡사하다. 산호리 562번지의 규모를 짐작하게 하는 대목은 '4,600평이나 되는 울창한 산림의 주인' <종매>이다. 현재 562번지에는 <체향초>에서 "삼히는 뒤 층층대를 올라 축사엘 들려"와 같이 층층계단이 풀숲에 쌓인 채 남아 있다. 또한 이곳은 '전향과 은둔'이라는 일제강점기 지식인의 나날살이를 담아내는 장소다. 그곳에는 항왜 투쟁을 하다 투옥된 경험이 있는 오라버니들이 살고 있었기 때문에 그녀는 이들 생활을 옆에서 직접 목격한 사실을 소설로 쓰는 것으로서 일제 암흑기에 식민지 지식인들의 고뇌를 드러내었다. 1941년 11월경 서울로 간 지하련은 마산에 다시 내려왔는지 알 수 없다. 두 번째 기간은 나날살이를 되돌아보는 계기로 지하련에게 자리 잡았던 것으로 여겨진다. 남편 임화를 따라 1947년 11월 월북한 후 마산 산호리 562번지는 기억에 의존하여 바라볼 수밖에 없는 곳으로 그녀에게 남았다.

지금까지 글쓴이는 지하련과 마산 산호리의 관련성을 짚어보았다. 산호리는 임화와 결혼, 출산, 그리고 요양이라는

---

56) 이현욱(1940. 10), 「일기」, 『여성』, 74쪽.

나날살이의 중요한 과정을 거친 곳이기 때문에 지하련에게 매우 중요한 장소였음을 확인할 수 있었다. 또한 왜로에 맞서 투쟁하다 옥고를 치르다 병을 얻고, 왜로 경찰 감시를 피하기 위해 거짓 전향하여 은둔한 그녀의 오라버니들이 그곳에 있었고 그들을 통해서 일제암흑기에 식민지 지식인의 살아남기를 굴절되지 않은 눈으로 바라볼 수 있었던 곳이라는 사실도 알게 되었다. 또한 마산 산호리 562번지는 지하련에게 소설 쓰기의 동력을 제공한 곳이며, 우리 근대문학사에서는 개인 체험이 그대로 소설이 되고, 그것이 작은 역사가 되는 근대서사의 확장으로 이어지게 한 곳이다. 그런 점에서 이곳은 우리의 굴절된 근대모습을 담고 있는 장소다. 이제 산호리에 가면 지하련도 만나게 되고, 그녀의 오라버니들도 만나게 될 것이다. 한쪽에 비켜선 카프서기장 임화도 함께.

5) 마무리

지금까지 일제강점기에 반제 항쟁에 앞장선 지하련 집안 자료를 발굴하고 기존 연구성과에 힘입어 그들 나날살이를 짚어보았다. 이 글을 빌려 글쓴이가 밝힌 내용은 다음과 같다. 첫째, 지하련 집안 가계도를 작성하였다. 둘째, 지하련 오

라버니 해적이를 간추렸다. 셋째, 지하련 해적이를 마련하였
다. 넷째, 지하련과 마산 산호리 관계를 보여주었다.

　위의 네 가지를 이 글은 만족스럽게 밝히지는 못했다. 그
런 점에서 이 글은 많은 문제점을 지닌다. 그것은 지하련 월
북 이후의 행적, 오라버니들의 마산에서 활동, 임화와 이 집
안 교우관계에 대한 진술을 확보하지 못한 점이다. 곧 과거
역사를 밝혀낼 자료부족은 글쓴이 글의 한계다. 자료부족은
지역에 사는 사람의 모자람에서 비롯되었다. 과거에 대한 물
음이 없었던 탓에 지역뿌리를 굳건하게 갖추는 데 소홀했던
것이다. 이 탓에 반제 항쟁에 앞장서 그 몫을 다한 사람들이
많았지만, 후대 사람의 무관심과 을유광복 후 좌, 우대립은
이들의 복원을 늦추게 하였다. 그래서 이 글을 빌미로 미복권
된 지하련 집안에 대한 관심으로 이어지기를 바라며, 장차 지
하련에 관련된 모자란 점이 더욱 보완되어 '지하련 평전'이
나올 수 있게 되기를 바란다. <1999>

도움글

1. 지하련 관련 자료

경남 창원시청에 보관된 이상만 일가의 제적등본.
경남 창원시청에 보관된 박옥련의 호적등본.
경남 마산시 합포구청에 보관된 이상조의 호적등본.
경남 창원시 웅남동사무소의 관내도.
경남 마산시 산호동사무소의 관내도.

2. 도움글

장윤영(1997), 「지하련 소설 연구」, (상명대학교 대학원 석사학위논문).
남찬우(1991), 「지하련의 소설연구」, (경남대학교 교육학 석사학위논문).
박미정(1990), 「이선희와 지하련의 소설연구」, (숙명여자대학교 대학원 석사학위논문).
서정자(1987), 「일제강점기 한국여류소설연구」, (숙명여자대학교 대학원 박사학위논문).
이덕화(1995), 「지하련의 문학세계」, 『문학과 사회』, 봄호.
이 정(1995), 「지하련의 삶과 문학」, 『여성과 사회』.
김경일(1993), 『이재유 연구』, (창작과비평사).
김윤식(1989), 『임화연구』, (문학사상사).
백 철(1975), 『문학자서전』, (박영사).
강만길 외 엮음(1988), 『한국사회주의운동인명사전』, (창작과비평사).
이철주(1986), 『북의 예술인』, (계몽사).
이기봉(1986), 『북의 문학과 예술인』, (사사연).
이균영(1993), 『신간회연구』, (창작과비평사).
대구지방법원검사국(소화 8년), 형사재판서원본 제4책.
국가보훈처(1997), 『독립유공자공적서』, (국가보훈처).
백 철(1940. 12), 「지하련 씨의 '결별'을 추천함」, 『문장』.
이기형(1988. 7), 「월북시인」, 『민족문학회보』.
임 화(1938. 1), 「작가단편자서전」, 『삼천리문학.

6

연극영화인 강호의 삶과
문예정치활동 연구

1) 들머리

우리 근대사는 굴곡이었다. 골골마디에는 시대와 맞선 개인, 조직, 민족, 이데올로기 범주를 앞서거니 뒤서거니 하면서 남긴 숱한 이들의 의지와 뜻이 아로새겨 있다. 특히 일제강점기와 해방공간, 그리고 이른바 한국전쟁으로 이어지는 시대를 살았던 문예인들의 개인, 조직, 민족, 이데올로기의 선택과 좌절의 강드와 고민은 어느 시대를 견주어 약하거나 얇지 않은 것임을 우리 근대사는 고스란히 증언한다.

따라서 우리 근대는 단순한 범주로서 파악하기 힘든 복합성을 당대인들에게 요구받았다. 이른바 근대적인 체계로서 개별적인 접근이 가능하지 못한 경제토대의 미약과 제국주의 종속 관계에서 분야별 독립은 확보하기 힘든 시기로서 일제강점기와 해방공간은 놓이는 셈이다. 이런 시대 상황을 염두에 둔 문예사 연구는 좀처럼 이뤄지지 않았다. 문학은 문학연구로 국한하고, 정치분야는 정치로만, 경제는 경제로만 독립하여 연구가 진행되어 협소한 시선만을 재구축함으로써, 우리 근대적 성과를 올바르지 인식하지 못하는 결과를 초래하였다.

특히 일제강점기와 해방공간에서 문예인들은 근대적 의미
로 엄격하게 구분된 문예인의 자리를 구축하지 못했다.[1] 문
학과 정치영역의 통합적 접근방식은 당대 시대정신과 문예인
들의 근대성을 파악하는 데에는 지름길이다. 그런데 여태까
지 문학과 정치는 다른 범주로 묶어 두는 바람에 일제강점기
와 해방공간에서 문학을 통한 정치활동을 꾀한 문예인들의
진면목에 다가서지 못하는 결과를 낳았다.

그런 점에서 문학과 정치의 경계를 허물고, 그 당시 문예
인들의 정치참여와 정치행위를 폭넓게 접근함으로써, 우리의
근대성과 남북한의 분단으로 이어지는 과정을 세밀하게 파악
할 수 있을 것이다. 앞으로 남북한 통합체계로 나아가는 데
중요한 자료를 제공해 줄 것으로 기대한다.

본 연구는 우리 근대 연구에서 골골마다 아로새겨진 흔적
가운데 접근조차 이뤄지지 않은, 문예와 정치의 영향과 상관
성을 연극영화인 강호를 매개로 일제강점기와 해방공간까지
범위를 한정하여 살펴볼 것이다.

연구 목표에 다다르기 위해서 우선 경남·부산지역 문예인
들을 연구 대상으로 삼고자 한다. 그 가운데 경남 ·부산지역
의 대표적 영화연극인 강호의 문예와 정치 활동을 살펴보고
자 한다. 강호를 연구대상으로 삼은 까닭에는 두 가지 이유가

---

1) 김윤식, 1997, 「해방공간의 위대성」 175쪽, 『김윤식의 현대문학사 탐구』, 문학사상사.

존재하고 있다. 첫째, 강호는 일제강점기 경남 ·부산지역을 대표하는 영화연극인이었고, 정치활동에도 깊이 개입한 점이다. 둘째, 해방공간에 남조선노동당의 정책노선을 공개적으로 비판하여 북조선노동당을 선택한 특이한 경력을 지닌 경남 ·부산지역의 대표적 문예인이기 때문이다. 덧붙여, 우리 근대사에 영화연극인 강호가 남긴 문예적 성과를 월북이라는 이유와 무관심으로 방치하고 외면하는 탓에 우리 근대사에 제대로 재조명을 받지 못한 점을 객관적 시선에서 바로잡고자 하는 목표도 있음을 함께 밝혀둔다.

이처럼, 영화연극인 강호 연구를 매개로 문예와 정치의 연관성뿐만 아니라. 남조선노동당 내에서 경남 ·부산지역문예인들의 상호 연관성과 그 역할까지 밝혀내는 데 작은 디딤돌을 마련하는 데에도 연구 의의를 두고 있음을 밝혀두는 바다.

본 연구는 다음과 같이 구성된다. 먼저 제2장에서는 강호의 삶을 다양한 자로로 검증하고 복원하여 그의 발자취를 소개하고자 한다. 제3장에서는 강호의 문예정치활동을 일제강점기와 해방공간 두 시기로 나눠서 살펴볼 것이다.

2) 강호의 삶

(1) 유년시절

강호(姜湖; 1908. 8. 6~1984. 7. 3)의 본디 이름은 강윤희(姜潤熙)이다. 진주 강씨 청풍공파 18대손으로, 부친 강상형의 빈농의 아들로 1908년 경남 진전면 봉곡리 525번지(현재 마산시에 편입)에서 태어났다. 어릴 적부터 그림에 소질을 발휘하였지만, 집안이 가난하여 그림에 대한 뒷받침을 전혀 할 수 없었다.[2] 당시 봉곡리는 마산과 진주를 이어주는 중간에 위치한 데로, 사람과 물자의 이동이 빈번하였다. 특히 옆에 둔 오서리는 통영까지 가는 중간 귀착지이기에 많은 사람들이 붐볐다.

강호의 유년시절에 영향을 미친 데로, 오서리에 자리한 경행학교를 이야기할 수 있다. 경행학교는 안동 권씨 문중으로 사용하던 재실을 그대로 하여 근대교육프로그램을 가르친 데다.[3] 경행학교를 거쳐 간 이들 가운데, 권환[4]이 손꼽힌다.

1915년 무렵 경행학교에 발을 들여서 근대적인 교육을 받은 강호는 인근에 자리한 호주 선교사가 만든 창신학교에도

---

2) 글쓴이는 강호가 경남지역 최초의 영화감독이고 월북한 이임을 확인하기 위해 2004년 1월 6일~7일 봉곡리 일대를 단독으로 조사하여, 강윤희의 사촌동생 강문희(당시 나이 90세) 옹과 만나 인터뷰로, 강호의 본디 이름과 생가를 국내에서 처음으로 밝혀내었다.

3) 권오익, 1965, 『소파한묵』, 소파권오익박사환력기념논문집 간행회.

4) 이장열, 2004, 『권환 문학 연구』, 경남대학교 대학원 박사학위논문.

관심을 두고 배움의 길로 나갔을 것으로 추정된다. 창신학교
에는 당시 자산 안확, 환산 이윤재 등 민족의식이 충만한 이
들이 학생들을 가르치고 있었기에 전국에서는 소문날 정도였
을 것이다.

1922년 넉넉하지 못한 집안 살림으로는 서울로 유학을 갈
수 없다는 사실을 깨달은 강호는 제국의 심장 일본으로 13세
어린 나이로 혼자 나가, 앞으로 살 길을 개척하는 어려운 결
정을 하게 된다.

일본으로 건너간 강호는 표구점 심부름꾼, 우유배달, 신문
배달을 하면서, 고학으로 일본 경도에 자리한 경도예술대학
을 졸업한다. 경도에는 당시 동향 출신 권환을 비롯한 조선인
유학생들이 밀집하 있었기에, 강호도 경도에 오랫동안 머문
것으로 여겨진다.

1927년 경도예술대학을 졸업한 뒤, 서울로 돌아와 <조선
영화예술협회> 연구성으로서 영화연출공부를 계속한다. 귀
국과 동시에 강호는 일본에서 배운 사회주의사상을 뒷받침할
것으로 기대한 카프에 정식으로 가입하기에 이른다.

(2) 카프 조우오 해방공간

일본에서 귀국한 강호는 1927년 조선프롤레타리아예술가

동맹<KAPF>[5](약칭 '카프')에 정식으로 가입한다. <카프>에 가입하여, 미술부를 책임졌으며, 1928년부터는 영화부사업까지 맡았다.

1928년 <지지마라 순이야>를 조선영화예술협회에서 제작자, 기획자, 감독, 촬영, 편집을 도맡고, 출연까지 하게 된다. 여기에 조선프로레타리아예술가동맹 서기장을 역임한 임화, 강호와 함께 조선계급주의영화의 선구자로 손꼽히는 서광제, 조경희들과 함께 배우로 출연하였다. <지지마라 순이야>의 이야기는 어느 농촌에 가난한 부녀가 살고 있었는데, 아버지가 몇 해를 두고 병고로 신음했지만, 딸은 효심이 극진하였다. 학교 운동회날 딸은 아버지를 기쁘게 하기 위해 운동회에 나갔는데 일등만 하면 상품이 대단하였다. 딸이 뛰자 동네사람들은 지지마라 순이야 하고 딸을 응원한다. 마침내 순이가 일등을 하자 순이 가슴에 푸짐한 상품이 안겨지고 아버지는 기뻐서 눈물을 짓는다는 내용으로, 메시지 전달은 아직 계급성을 띄고 있지 않은 것이 특징이다.

이 영화 제작을 마치고, 곧장 강호는 진주에 <남향키네마사>(1928)를 진주 강씨 재실 한 곳을 빌려서 설립한다. 서울에서 갑자기 진주로 내려온 까닭은 현재로서는 알 길이 없다. 이때 강호는 무성영화 한 편을 제작하기 위해 영화시나리오를

직접 작성한다. 시나리오 제목은 <쫓겨가는 무리>다. 앞서와 마찬가지로 촬영, 감독, 제작, 배우 1인 4역을 하면서 열정적으로 영화를 만들었다. 특히 중요한 것은 이 영화의 촬영지가 강호 고향 봉곡리에서 직접 제작이 되었다는 사실이다.[6]

진주와 봉곡리를 오가면 며칠 동안 이루어진 촬영이었다. 이때 강호는 다른 필명을 사용하게 된다. <독고성>, <민우양>들이 그것이다. 촬영 중간에 제목은 <암로>로 변경되었다. 강호와 함께 출연한 이로는 박영옥, 이장희, 이홍래다. 1928년 무렵 영화제작은 현재와 마찬가지로 제작비가 만만치 않은 일이다. <암로>의 제작비용 3,000원으로 기록되었다. 이 영화 제작비는 인근 진전면 오서리에 자리 잡고 살았던 안동 권씨 문중의 도움을 크게 받고 제작을 할 수 있었다고 전해진다. 아마도 오서리 출신 권환의 지원으로 안동 권씨 문중의 자금을 끌어 올 수 있었을 것이다. <암로>의 줄거리는 1920년대 말 장기간의 농업공황으로 황폐화된 조선농촌과 농민의 처참함 실상을 담았다.

<암로> 영화 제작을 마친 강호는 곧장 임화의 영화사 책임자로 있는 서울 <청복키노사>에 발을 들인다. 카프의 외곽조직으로서 청복키노사가 자리 잡고 있었고, 2차 방향전환을 주도한 임화가 책임자로 있었던 탓에, 영화제작에 담긴 메

---

6) 〈중외일보〉 1928년 6월 1일자. 「암로」의 촬영 사진과 봉곡리 일원에서 촬영 사실을 보도함.

시지는 앞서보다 강렬하고 구체적이었다.

1930년 강호는 각본을 직접 작성, 제작, 기획, 촬영, 감독까지 맡은 『지하촌』을 만들게 된다. 출연진은 김정숙, 박경옥, 임화, 강호다. 영화 내용은 자본주의의 심장이며 생산, 금융, 환락의 중심인 도회지에는 밑바닥 생활을 하는 지하촌이 있다. 대부분 노동자이고 실업의 위협이 있는 이들과 한남철공장 직공인 김철근이 조직을 만들어보려고 하지만 쉽지 않은 일이다. 어느 날 무슨 회 조사위원 민효식이 실업자 파악을 위해 이곳에 왔다가 김철근의 아우 성근을 만난다. 그리하여 그들을 깨우치는 강의를 한다. 불량한 룸펜노종자 허재민은 민효식, 김철민을 만나 그들의 사업에 참여하는데, 이들은 지하촌 주민들의 집주인이고 한남철공장 사장 김기택과 맞서 그들의 권리를 위해 싸운다는 내용이다.

『지하촌』은 전형적인 볼세비키혁명조직론에 입각한 내용을 밑바탕에 두고 제작한 것이다. 소련 작가 막심 고리끼의 <어머니>의 플롯과 동일한다는 점이 그렇다. 의식화되지 못한 이를 전위의 도움으로 이른바 전사로 만들어낸다는 레닌의 전위조직가 양성과 맞아떨어지는 내용이다. 이처럼 강호의 당시 의식에는 전위적 시선이 담겨 있음을 이 영화로서 확인하게 된다. 더욱이 영화 제작소는 카프에서 지원하는 것으로 미리 염두에 둔다면, 제2차 방향전환을 맞이한 카프의

노선투쟁과정에서 전위의식이 표면화된 것임을 이 영화로서 확인된다.

강호는 영화제즈뿐만 아니라, 연극무대미술과 삽화 그리기에도 자신의 사회주의사상을 담아내는 데 노력하였다. 1931년대 발행된 우리나라 최초의 계급주의 동요집『불별』이 그것이다. 1931년 프롤레타리아 동요집『불별』에서 강호는 박세영, 신고성(본디이름 신말찬)의 동시에 삽화를 그려주었다. 특히『불별』의 서른은 같은 동향 출신 권환이 작성하였다. 또한 함께한 아동문학가들 가운데 박세영을 제외한 나머지는 경남·부산지역 출신이라는 점은 주목할 사항이자 특징이다. 이들은 경남 진전면 오서리 출신 권환, 경남 진전면 봉곡리 출신 강호, 경남 합천 출신 향파 이주홍, 경남 울산의 신고송(본디 이름 신말찬, 경남 진주에서 자란 엄흥섭, 김병호, 이구월(본디 이름 이성동7)), 손풍산(본디 이름 손중행), 양우정(본디 이름 양창준,이다.

경남 ·부산지역 출신의 중심으로 이른바 "서울중심주의" 세력과의 내부 사상투쟁을 전개하고 있었음을 확인하게 된다. 다시 말해서, 이른바 서울중심주의와 평양중심주의로 양분되어, 내용 차이 없이 카프 내 주도권 투쟁을 경남·부산지역 출신들의 참여도 새로운 국면을 맞이하였다. 곧, 서울중심

---

7) 경남 합천 출신 향파 이주홍의 형이다. 해방공간에 월북하여, 남한 문학사에서 이름을 찾아볼 수 없었던 이이다. 이 일로 향파 이주홍은 국립대로 옮기면서 고초를 겪은 바 있다.

주의와 평양중심주의 사이의 내부갈등은 <군기사>습격사
건8)으로 대변된 바 있는데, 이를 사상투쟁의 측면에서 제기
한 그룹은 일본 경도를 중심으로 국제사회주의사상을 습득한
권환을 중심으로 한 경남 ·부산지역 문예인들이었다. 그 속
에는 강호도 늘 포함되어 있었다.

강호는 1933년 이른바 <신건설사> 사건으로 검거되고, 1934년
『우리동무』9) 배포 책임자로 왜로 경찰에 발각이 되어, 8개월
의 감옥살이를 한다.10) 1935년 카프의 해산으로 조직과 사상
적 근거를 잃어버린 강호는 생활고에 시달리면서, 연극무대
미술가,11) 신문삽화12)를 그려주는 등 해방 전까지 때를 기다
리며 삶을 이어나갔다.

해방공간에서 연극영화인 강호는 문예정치조직 구축에 힘
을 쏟았다.13) 1945년 9월 15일 조선프롤레타리아미술동맹14)

---

8) 1931년 발생한 이른바 〈군기사〉습격사건은 서울중심주의와 평양중심주의 문단 주도권 다툼의
   대표 사례로 분석한 바 있다. 박태일, 2003, 「경남지역 계급주의시문학연구」, 『지역문학연구』
   8호, 경남 ·부산지역문학회.

9) 일본프롤레타리아예술가동맹(약칭 "코프")의 부록지이자 조선어로 된 잡지.

10) 〈조선중앙일보〉 1934년 8월 23일자.

11) 〈춘향전〉, 〈촛불〉, 〈그리운 거리〉, 〈역사〉 등 30여 개의 작품에 무대미술 담당.

12) 〈조선중앙일보〉, 「황진이」 이준 작, 강호 화. 제1회~76회 연재(1936. 6. 2~1936. 9. 4). 〈조
    선중앙일보〉, 「제비집」 이약혜 작, 강호 화. 제1회~5회 연재(1936. 4. 6~1936. 5. 2). 〈조선중
    앙일보〉, 「총각」 이봉구 작, 강호 화. 제1회~6회 연재(1936. 4. 19~1936. 4. 25). 〈조선중앙
    일보〉, 「구름다리의 희열」 김소엽 작, 강호 화. 제1회~7회 연재(1936. 4. 11~1936. 4. 18).

13) 1946년 2월 26일부터 상연된 『독립군』의 무대미술감독으로 활동하였다. 조영출 작, 나웅 연
    출, 1946년 2월 26일. 동양극장.

14) 미술동맹 위원: 이주홍, 김일영, 강호, 채남인, 박석정, 이춘명, 박진명, 김정병, 윤상렬. 〈매일
    신보〉 1945년 09월 22일자.

결성에 참여한다. 이념적으로 일제강점기 카프에서 국제사회
주의사상을 전파하는 데 진력한 강호의 노선과 경남 ·부산
지역문예들과의 친밀성으로 말미암아, 이른바 서울중심주의
로 표방되는 카프 해소파와 갈등을 빚을 수밖에 없었다.

따라서 1946년 1월 카프해소파와 카프비해소파의 연합전
선체인 <조선문학가동맹>이 결성되는 과정에서 조선공산당
의 지도 아래에 있는 <조선문학가건설본부>의 강령과 실천
방향이 채택되면서, 카프비해소파에 해당하는 강호로서는 노
선투쟁에서 밀린 느낌을 받게 된다. 이른바 카프해소파로 대
변되는 <조선문학건설본부>의 정치노선의 기회주의성에 대
한 반감이 표출되기에 이른다. 1946년 7월 강호는 극작가 송
영, 시인 박세영, 평론가 윤기정을 비롯한 여러 명의 국제사
회주의노선을 견지한 문예인들과 함께 박헌영의 조선공산당
의 문화노선을 공거 비판하는 공동성명서를 발표한 뒤, 월북
하기에 이른다.15)

---

15) 한국전쟁시기 강호는 북조선연극동맹 서기장, 가극단 단장, 국립예술극장 총장 등을 역임하
면서 의욕적인 활동을 보장받는다. 그 이후 조선화보사 사장, 평양연극영화대학과 평양미술
대학에서 무대미술학부장, 강좌장을 역임하기도 한다. 그런 가운데 강호는 〈또 다시 전선으
로〉(예술영화)로 국제영화측전에서 〈자유를 위한 투쟁상〉을 수상하기도 한다. 1961년 예술학
부교수의 학직을 ㅅ여 받는다. 1984년 고향 경남 진전면에 한 번도 돌아오지 못하고 세상을
떠났다.

3) 강호의 문예정치 활동

(1) 일제강점기의 국제사회주의계급 정치활동

강호는 일제강점기에 일본에서 일본프롤레타리아예술동맹
<약칭 ‘나프’>를 통해서 사회주의사상의 원형을 배우고 익
혔다. 특히 사회주의사상에는 민족주의를 배격한다는 맑스와
레닌의 주장으로 말미암아, 제국주의 제2의 심장부 경도에서
받은 이른바 차별과 멸시를 이념적으로 극복할 매개물로서
사회주의사상은 식민지 청년에게는 희망으로 다가왔을 것이
다. 전 세계 노동자는 차별이 없음을 선언한 공산당선언은 조
선 식민지 청년 강호에게 빛나는 별이 아닐 수 없었을 것이다.
강호의 문예활동은 반제반봉건을 목표의 한 일환으로 자
리 잡았다. 이런 목표를 실현하기 위해서 필요한 이념제공은
사회주의사상에서 찾게 되었고, 이런 사상의 뿌리는 일제강
점기 어린 나이로 일본으로 건너간 시절에 내려졌다.
일제강점기라는 특수한 상황 속에서 문예활동은 개인차원
에서 이뤄질 수 없는 노릇이다. 곧, 일제강점기 당시 문예인
들은 나라를 되찾는다는 흐름 속에서 다양한 활동들이 빚어
지게 마련이고, 이를 규합하고 세력화하는 노력들이 필요하
였다.

특히, 일본에서 사회주의사상을 공부한 식민지 청년들의 귀국 뒤 흐름은 조선공산당을 새로이 건설하는 것이었다. 조선공산당을 건설하려는 목적은 나라를 되찾는 일임은 새삼스럽지 않다. 그 까닭은 조선공산당이 왜로의 탄압과 국제사회주의진영의 1국 1당 원칙으로 와해되거나 해체된 1920년 후반 상황에서, 일본 체험을 경험한 강호에 조선공산당을 대체할 만한 조직과 힘이 필요한 것이었다.16) 부문별 힘을 집중하는 것보다, 단일한 지도체계를 구축하는 것이 나라 되찾기를 위한 빠른 행보이기 때문이다.

따라서 일제강점기에 1920년대 후반에서 1935년 해산 때까지 존재한 카프는 조선에서 사라진 조선공산당을 대체하는 매개물로서 조용한 바가 큼을 인정하는 노력이 필요할 것이다. 이런 노력의 일환으로 연극영화인 강호의 카프 활동 가운데 영화 제작 활동은 존재한다고 볼 수 있다.

1930년대 초 카프 내의 사정은 이른바 문예활동을 우선시하는 흐름과 군예활동은 정치투쟁의 한 형태임을 주장하는 세력으로 양분되어 있었다. 이른바 카프의 제2차 방향전환으로 이 진영 간의 투쟁은 카프의 목표가 문예활동에 국한된

---

16) 재건공산당사건(공산주의협의회 사건)이 1931년 10월 터진다. 고경흠 등 17명이 종로서에 체포된 바 있다. 코민테른(1919~1943)의 이른바 1928년 8월 테제(한 나라에는 공산당이 하나이어야 하는 것)에 따라, 조선인들은 조선공산당을 결성할 수 없었다. 만즈에서 활동한 조선인 공산당원들은 중국공산당에 입당하거나, 일본에서 활동한 조선인들은 일본공산당에 흡수된다. 조선공산당이 하체된 데에는 국가가 없기 때문이다.

것이 아님을 확인하는 작업으로 일단락되었다. 곧, 카프는 내부적으로 문예를 매개로, 반제반봉건투쟁을 전개하는 것을 목표로 삼았다.

이른바 운동으로서의 문학활동을 거침없이 내세운 이들은 이른바 경도파로 불리는 권환을 비롯한 계급주의자 강호들이다. 이러한 과정은 해체된 조선공산당을 대체할 당적 존재를 대신하고자 하는 의도의 일환으로 봐도 무방할 것이다. 이런 의도와 카프의 위대한 실험은 왜로 경찰에게 발각되면서 1935년 카프 서기장 임화의 조직해산계 제출로 막을 내리게 되었다.

이런 움직임에 연극영화인 강호의 국제사회주의세력과의 연대를 모색하고자 일본공산당 하부조직 <일본프롤레타리아예술동맹: 약칭 나프>의 부록지 『우리동무』(조선어)의 조선 배포책임자로 비선활동을 담당한 것이다. 결국 당시 카프 문예활동은 당적조직을 만들기 위해 투쟁의 과정이었고, 이를 대중적으로 실천한 이로써 매우 중요한 실험으로 봐야 할 것이다. 곧 단순한 문예활동으로 묶어두는 것은, 카프의 지향점을 제대로 파악하지 못하는 일이 될 것이다.

(2) 해방공간의 조선공산당과 결별

이른바 도적처럼 찾아온 해방을 맞이하자, 이른바 좌파문예인들은 1935년 카프 해산을 두고 해소파와 비해소파로 구분하여 온 두 진영은 해방공간에서 주도권을 선점하기 위한 발 빠른 걸음을 내디딘다. 카프해소를 주도한 임화를 중심으로 한 이른바 서울중심주의 문단세력은 <조선문학가건설본부>를 해방을 맞이하자 곧장 조직화하였고, 이에 뒤이어 카프비해소파를 중심으로 한 <조선프롤레타리아문화동맹>이 결성되었다.

연극영화인 강호도 해방이 되자, 방랑생활을 청산하고 곧장 새로운 나라 만들기에 힘을 쏟았다. 그 결과물로 1945년 9월 15일 조선프롤레타리아미술동맹[17]을 결성하기에 이른다. 미술동맹 결성에 강호는 중심 역할을 담당한다. 이를 계기로 1945년 9월 30일 문학동맹, 음악동맹, 미술동맹, 연극동맹들, 각 동맹의 결합체인 <조선프롤레타리아예술동맹>[18]을 서울 종로에서 결성하기에 이른다. 연극동맹원으로 강호는 이름을 내밀고 있다.

남조선노동당 박헌영의 이른바 "8월 테제"(부르조아민주주의혁명론 'BDR')의 제시로 남한 내 좌파세력들은 연합인민전선구축이 시급함을 동의하여, 두 문예진영의 통합이 1945년 12월에 문건 측 대표 이태준, 이원조, 임화, 김기림, 김남천, 안회남과 동맹 측 대표 윤기정, 권환, 한효, 박세영, 송완

---

17) 미술동맹의 강령: 우리는 그롤러타리아미술의 건성을 여함, 우리는 일체의 반동적 미술을 배격함, 우리는 국제그롤레타리아 미술운동의 촉진을 기함. 미술동맹 위원: 이주홍, 김일영, 강호, 채남인, 박석정, 이춘뫙, 박진명, 김정병, 윤상렬, 〈매일신보〉 1945년 09월 22일자.

18) 한효, 1945, 「예술운동의 전망-당면문제와 기본방침」, 『예술운동』 1945. 12. 3쪽.

순이 회동하여 단일한 조직체를 결성하기로 합의하고, 두 조직체를 해체하기로 결정한다. 이듬해 1월 두 문예진영의 통합결합체인 <조선문학가동맹>이 조직된다. <조선문학가동맹>은 남조선노동당19)의 이른바 8월 테제를 근간으로 조직적 통합을 잠시나마 이끌어 내었다.

연극영화인 강호가 박헌영의 주도로 구축된 <조선문학가동맹>의 강령과 조직구성에 대한 불만을 품은 것은 <조선문학가동맹>의 서기장이 여러 번 교체되는 상황에서 그 실마리를 찾을 수 있다. 이른바 카프해소파로 분류된 임화를 중심으로 한 문예진영이 구축한 <조선문학가건설본부>를 매개로 <조선문학가동맹>을 장악한다. 이들 문예진영은 당시 해방공간에서 인민성을 내세우며, 인민의 계급적 차별성을 인식하지 못함으로써 카프비해소파로부터 개량주의라는 비판을 받고 있었다.

앞서 밝힌 바와 같이 1946년 7월 강호를 비롯한 박세영, 송영들 이른바 카프비해소파 7~8명의 문예인들이 공개적으로 조선공산당의 주도로 이뤄진 문화정책20)을 반대하는 성명서

---

19) 〈남조선노동당〉은 1946. 11. 23~24일 결성됨. 이전까지는 박헌영을 중심으로 한 조선공산당이 남한 내에서 조직활동을 이루어갔다.

20) 남로당의 문화정책은 민족문화발전의 방향은, 첫째 일제 잔재적인 문화를 숙청할 것, 둘째 일체의 봉건유제를 청소할 것, 셋째 민족고유한 문화의 전통을 발전적으로 계승하여 민족문화의 토대로서 향상, 발전시킬 것, 넷째 민주주의적 외국문화를 널리 섭취하여 이를 소화, 발전시킴으로써 민족문화를 급속히 향상시킬 것, 다섯째 문화가 사회특권계급의 전유물로서 인민과 유리되어 있지 않고 인민과 더불어 인민의 생활 위에서 참다운 인민을 위한 인민문화를 발전시킬 것을 주장하였다. 북로당은 일제가 남긴 의식 형태 속에 뿌리깊이 남은 일제잔재

를 발표한 뒤, 북쪽으로 간 사실에 주목해야 한다. 북쪽으로 연극영화인 강호가 간 까닭에는 박헌영을 대표한 조선공산당의 부르조아딘주주의혁명론에 대한 이른바 정치적 실천력에 대한 반감에서 비롯돈 바 크다고 하겠다.

인민성을 앞에 내세운 박헌영의 조선공산당이 국내정세 판단을 잘못한 것을 지적한 것이다. 곧 노동자의 계급적 당파성을 중심에 두고, 이른바 프롤레타리아독재를 굳건히 밑바탕에 둔 전략으로서 부르조아민주주의혁명론이 아니라, 인민전선구축을 최우선 목표로 설정한 박헌영의 정치적 선택에 대한 비판에 다름 아니었다.

앞서 연극영화인 강호의 문예정치노선은 일제강점기에는 일본 경도를 증심으로 근거를 마련한 경남·부산지역문예인들과 함께 국제사회주의사상을 기본 이념으로 카프 활동을 전개하여, 이른바 코민테른의 테제에 따라 해체된 조선공산당을 대체할 세력으로서 카프를 지향했음을 살펴보았다. 따라서 앞으로 경남·부산지역문예인들의 이른바 당적 조직결성에 대한 구체적인 자료수집과 검토가 이뤄지는 것이 필요

를 숙청하면서 민즉문화를 건설할 중대한 임무에 당면해 있다고 전제. 일제 잔저의 완전한 숙청이 없이는 민족문화의 간설이 있을 수 없다고 주장. 그리하여 민족문화의 발전을 위해서 학교교육과 아울러 사회교육기관의 양적. 질적 확대, 기화가 요청된다고 말하고, 박물관, 도서관. 학생회관, 교원회관, 노동자회관, 영화관, 극장, 예술전람회관, 발명회관, 과학연구소를 확충 또는 신설할 것을 내세움. 이와 동시에 외국문화와 교류사업을 전개, 각 사호단체 특히 직업동맹, 농민동맹, 여성동명, 민청 등의 문화부사업과 문학, 예술단체 또는 기타 단체의 활발한 활동전개를 위허 국가즈, 사호적 조건을 만들어 줄 것을 주장. 심지연, 1989「해방 후 중요 정치집단의 교육·문화정책」, 『해방공간의 문학운동과 문학의 현실인식』, 43쪽, 한울.

함을 절실하게 느꼈다.

또한 해방공간에서도 강호는 일제강점기에 가졌던 국제사회주의사상에 바탕을 둔 정치노선을 일관되게 가지고, 문예정치활동을 전개하였다. 곧, 카프비해소파를 중심으로 구축한 조선프롤레타리아예술동맹을 조직하는 데에 중심인물로 활동하면서, 노동자의 당파성을 중심으로 한 문예활동을 전개하였다. 그러나 카프해소파를 중심으로 한 <조선문학가건설본부>를 중심으로 <조선문학가동맹>이 이끌어가는 것으로 보고, 카프비해소파의 일원들과 함께 박헌영의 조선공산당 문화정책을 공개비판을 하면서 북쪽으로 가게 되었다. 뒤이은 연구는 해방공간에서 남조선노동당에 관여하여 조직활동을 전개한 강호를 비롯한 경남·부산지역문예인들의 활동 전개상과 그 이후의 행보 파악으로 나아가야 하는 일을 남겨둔다.

4) 마무리

여태껏 경남·부산지역문예인들 가운데 대표적 연극영화인 강호의 삶과 문예정치 활동을 일제강점기와 해방공간으로 나눠서 살펴보았다. 논의를 줄여 마무리로 삼는다.

강호의 문예활동은 일제강점기와 해방공간에 놓인 시대적 특수성으로 정치 목표를 지닐 수밖에 없었다. 반저반봉건의 목표와 이른바 새로운 나라 모델 만들기 목표에 강호의 문예활동은 초점을 두고 있음을 확인한 바다.

특히 강호의 문예정치활동을 살펴본 결과, 일제강점기 1930년대 경남 · 브산지역문예인들의 카프 진출과 활동은 단순한 문예조직에 국한시키는 것이 아니라, 코민테른의 원칙으로 해체된 조선공산강을 대체할 조직체로서 카프의 가입과 활동으로 이어졌음을 확인하게 된다.

또한 해방공간에서 강호를 비롯한 경남 · 부산지역문예인들의 정치노선은 노동자의 당파성을 유지하는 전제 아래에 인민전선구축에 동의한 것임을 알 수 있다. 이처럼 단순한 지역 편중이 아니라, 일제강점기와 해방공간으로 이어지는 이른바 사회계급주의문예인들 가운데 대표적인 연극영화인 강호를 비롯한 경남 · 부산지역문예인들의 정치노선이 거의 동일함을 확인하였다.

이 연구는 아직 갈 길이 멀다. 미진하고, 구멍이 쑹쑹 뚫린 상태다. 구체적으로 영화연극인 강호의 일제강점기의 당적 조직활동을 증거하는 자료발굴과 일본 경도시절의 국제사회주의사상을 즡하게 된 계기를 구체적으로 밝혀내는 일, 그리고 일본공산당의 하부조직 나프의 부록지 『우리동무』 조선

배포책임자로 선정된 까닭을 자료로서 제출하는 것이 시급한 일이다. 또한 해방공간에서 연극영화인 강호의 남조선노동당과의 조직적 관계망을 살펴보는 것이다. 그리고 이런 가운데 경남·부산지역문예인들의 정치노선의 합치와 갈라짐을 이른바 한국전쟁 앞 시기까지의 지형도를 만들어내는 것이 앞으로 이어진 연구과제로 남겨두고자 한다.[21](2006)

---

21) 굴곡진 한국근대사는 사람살이에 구분을 짓는 여유를 주지 않았다. 문학과 정치는 늘 한 몸이 되어 나라와 민족 개념 속에서 녹아 있는 셈이다. 이런 인식의 발단에서 이 연구는 시작했음을 토를 단다.

도움글

신종대, 1992, 「부산·경남지방의 해방정국과 인민위원회에 관한 연구」, 경남대학교 정치외교학과 석사학위논문.

이장열, 2004, 「권환 문학 연구」, 경남대학교 박사학위논문.

양성철, 1993, 「조선공산당, 남로당의 정치노선의 변화과정에 관한 연구」, 연세대학교 석사학위논문.

심지연, 1989, 「해방 후 중요 정치집단의 교육·문화정책」, 『해방공간의 문학운동과 문학의 현실인식』, 한울.

김윤식, 1989, 「해방 후 남북한의 문화운동」, 『해방공간의 문학운동과 문학의 현실인식』, 한울.

신종대, 1993, 「부산·경남지방 인민위원회의 결성과 와해과정」, 『한국과 국가정치』 8권 1호.

이장열, 1999, 「지하련의 가계와 마산 산호리」, 『지역문학연구』, 경남·부산지역문학회.

김남식, 1984, 『남로당 연구』, 돌베개.

김남식 엮음, 1938, 『남로당 연구, 2: 자료편』, 돌베개.

김남식 엮음, 1938, 『남로당 연구, 3: 자료편』, 돌베개.

박일원, 1984, 『남로당의 조직과 전술』, 세계.

편집부, 1971, 『남로당 주동 대사건실록』, 희망출판사.

김남식, 1975, 『(실록)남로당』, 신현실사.

이병주, 1987, 『남로당』(상, 중, 하), 청계.

김남식, 1979, 『(실록)남로당』, 한국승공연구원.

박갑동, 1991, 『통곡의 언덕에서』, 서당.

오재호, 1981, 『(실록소설)표적』, 법전출판사.

김윤식 외 여럿 엮음, 1989, 『해방공간의 문학운동과 문학의 현실인식』, 한울.

정영진, 1993, 『문학사의 길찾기』, 국학자료원.

정영진, 1989, 『통한의 실종문인』, 문이당.

오제도, 1954, 『붉은 군상』, 희망사.

오제도, 1957, 『사상검사의 수기』, 창신문화사.

희망출판사편집부 엮음, 1971, 『남로당 주동 대사건실록』, 희망출판사.

김남식, 1975, 『(실록)남로당』, 신현실사.

김남식, 1979, 『(실록)남로당』, 한국승공연구원.

박일원, 1984, 『남로당의 조직과 전술』, 세계.

박갑동, 1983, 『박헌영』, 인간사.

심지연, 1987, 『조선혁명론연구』, 실천문학사.

심지연, 2006, 『이강국 연구』, 백산서당.

이철주, 1966, 『북의 예술인』, 계몽사.

이종석, 1995, 『조선로동당연구』, 역사비평사.

김영무, 1998. 『(신문예실록)동양극장의 연극인들』, 동문선.

이장열

경북 왜관에서 나서, 경남 창원에서 자랐다. 경남대학교 정치외교학과를 거쳐, 같은 대학교에서 문학박사학위를 받았다. 경남대학교와 진주교육대학교 등에서 한국 근대문학사와 글쓰기 강의 등을 하였다.
내 책으로는 『카프 정통파 권환의 발자취를 찾아서-한국근대문학탐사 1』 등이 있다. 현재 문학탐사가로 집필 활동을 하고 있다.

한국 근대사의 문학탐사

초 판 인 쇄 | 2012년 5월 31일
초 판 발 행 | 2012년 5월 31일

지 은 이 | 이장열
펴 낸 이 | 채종준
펴 낸 곳 | 한국학술정보㈜
주　　　소 | 경기도 파주시 둔발동 파주출판문화정보산업단지 513-5
전　　　화 | 031) 908-3181(대표)
팩　　　스 | 031) 908-3189
홈 페 이 지 | http://ebook.kstudy.com
E - m a i l | 출판사업부 publish@kstudy.com
등　　　록 | 제일산-115호(2000. 6. 19)

ISBN　　978-89-268-3375-9 93910(Paper Book)
　　　　　978-89-268-3376-6 98910(e-Book)